Anonymous

Der deutsche Schulfreund

ein nützliches Hand und Lesebuch für Lehrer in Bürger und Landschulen

Anonymous

Der deutsche Schulfreund
ein nützliches Hand und Lesebuch für Lehrer in Bürger und Landschulen

ISBN/EAN: 9783743622586

Hergestellt in Europa, USA, Kanada, Australien, Japan

Cover: Foto ©Paul-Georg Meister /pixelio.de

Weitere Bücher finden Sie auf **www.hansebooks.com**

Der

deutsche Schulfreund

ein

nützliches

Hand- und Lesebuch

für

Lehrer

in

Bürger- und Landschulen.

Herausgegeben

von

H. G. Zerrenner.

Viertes Bändchen.

Erfurt, 1792.
bey Georg Adam Keyser.

I.

Rede bey Einführung eines Schullehrers, gehalten zu Danstedt, von H. P. Drusman. *)

Geliebte Zuhörer!

Heute haben wir eine besondere Veranlassung zu einer sehr vernünftigen Freude, indem wir den lange gehegten Wunsch erfüllt sehen, unsere zweyte Schule mit einem neuen Lehrer besetzen zu können. Der Mann lebt zwar noch, der bisher dieser Schule vorgestanden; aber seine körperliche Schwachheit machte es ihm zu schwer, sein Amt gehörig zu verwalten. Weit entfernt, ihm darüber Vorwürfe zu machen, beklagen wir vielmehr seine Schwäche, und geben ihm das Zeugniß, daß er als ein ehrlicher, gutgesinnter Mann unter uns gelebt hat. Wir wollen auch nicht die Ungerechtigkeit begehen, ihn

---

*) Ob diese Rede gleich bey einer speziellen Gelegenheit gehalten worden: so glaube ich doch, daß dieselbe, der vielen guten, wahren Bemerkungen, heilsamen Maximen, und weisen Rathschläge wegen, allen Schullehrern nützlich, für die angehenden aber recht eigentlich eine zusammengedrängte Schullehrermoral, so wie Ermunterung zur freudigen und nützlichen Führung ihres Amts seyn werde. A. d. H.

zu verstoßen; sondern unsre Absicht geht blos dahin, ihm die Arbeiten abzunehmen, ohne ihm seine ohnehin dürftigen Einkünfte zu entziehen. Inzwischen setzte uns eben das in Verlegenheit, wie wir nun noch einem dritten Schulmanne einen anständigen Unterhalt verschaffen sollten. Und siehe da, die Vorsicht fügt es, daß der gegenwärtige neue Lehrer sich bereitwillig finden läßt, unsere Kinder bey einer geringen Unterstützung zu unterrichten. Wie konnte uns eine solche Anerbietung anders als sehr willkommen seyn? Wir haben ihn also erwählt, das königliche Konsistorium hat ihn bestätigt, und mir den Befehl zugeschickt, ihn zu seinen Pflichten anzuweisen, der Gemeinde vorzustellen und einzuführen. Dazu ist er nun hier.

Der Nutzen einer öffentlichen Einführung wird dadurch hoffentlich am besten erreicht werden, wenn ich ihn selbst und auch die Gemeinde darauf aufmerksam mache: was es eigentlich mit den Pflichten gegen Kinder überhaupt, und insbesondere mit dem Schullehreramte auf sich habe. Wo könnten wir nun wol eine vortrefflichere Anweisung hierüber finden, als in dem heutigen Evangelio. Laßt uns dasselbe aufschlagen wie wir es finden in Matth. 18, V. 1–11. und daraus folgende hieher gehörige Stellen bemerken.

V. 5. **Wer ein solches Kind aufnimmt in meinem Namen, der nimmt mich auf.**

V. 6.

V. 6. Wer aber ärgert dieser geringsten einen, die an mich glauben, dem wäre besser, daß ein Mühlstein an seinen Hals gehängt würde, und er ersäuft würde im Meer, da es am tiefsten ist.

V. 10. Sehet zu, daß ihr nicht jemanden von diesen Kleinen verachtet. Denn ich sage euch: Ihre Engel im Himmel sehen allezeit das Angesicht meines Vaters im Himmel.

Das erste, was der Herr Jesus von uns verlangt, ist dieses: daß wir die Kinder in seinem Namen aufnehmen — d. i. wir sollen ihnen um Jesu willen Gutes thun, und uns ihrer so annehmen, wie es dem Sinne und der Absicht Jesu gemäs ist. Hier ist also keine Art der Wohlthätigkeit ausgeschlossen. Jede Pflege und Wartung, die wir den Kindern verschaffen; die Vorsorge für ihr weiteres Fortkommen in der Welt; die Bemühungen und Kosten, die wir, ihnen zum Besten, übernehmen; mit einem Worte: jede Art der Unterstützung die sie bedürfen, und die wir ihnen angedeihen lassen, gehört hieher. Nur dürfen wir nicht vergessen, daß wir in Jesu Namen uns der Kinder annehmen sollen. Was wir also an ihnen thun, muß wirklich aus Liebe, und zwar aus christlicher Liebe geschehen. Siehe, lieber Christ! du weißt und hörst hier, wie sehr deinem Erlöser daran an gelegen ist, daß man den Kindern Gutes erweiset. Wenn du das nun thust, so viel dir Gott dazu Gelegenheit und Kräfte darreicht, weil du gern darin Jesu gefällig und gehorsam seyn willst; wenn du einem Kinde Wohlthaten erzeigst; und du wirst dazu nicht blos allein durch natürliche Triebe, noch weniger aber durch unlautere Absichten bewogen; wenn deine Liebe eine weise, auf das wahre Beste des Kindes gerichtete Zuneigung ist; wenn sie also mit der Art und Weise übereinstimmt, wie Jesus die Kinder liebte: so handelst du in seinem Namen. Deine Liebe ist in der That eine christliche Liebe. — Welche Art von Wohlthätigkeit verdiente aber wol hauptsächlich diesen Namen? Ohne Zweifel: wenn man für die Seelenwohlfahrt der Kinder sorgt. Das allgemeine Mittel dazu ist guter Unterricht und gute Erziehung. Durch jenen sollen sie das verstehen und empfinden lernen, was zu ihrem Heil gehört; durch diese müssen sie gewöhnt und geübt werden, das, was sie wissen, in Ausübung zu bringen. Wer nun dazu mit Rath und That wirksam ist; wer dazu hilft, daß die Kinder wohl unterrichtet und erzogen werden: der hilft dazu, daß sie in seinem Namen aufgenommen werden. Mit dieser Aufnahme ist nun eine besondere Verheißung verbunden; und was ist das für eine? Christus sagt: „Wer ein Kind in meinem Namen aufnimmt, der nimmt mich auf." Ihm selbst, seiner Person nämlich, können wir nicht dienen

nen und helfen. Er, der in der Höhe und im Heiligthum wohnet, bedarf unserer nicht. Aber er hat uns etwas angewiesen, was eben so gut seyn soll, als wenn wir ihm selbst Wohlthaten erzeigten. Statt seiner, weiset er uns auf die Kinder: „wer sie aufnimmt," spricht er, „nimmt mich auf." Wo ist wol ein Mensch, der Jesum kennt, welcher nicht merkte, was für eine herrliche Belohnung mit diesem Ausdruck versichert wird. O theurer, gnadenvoller Heiland, was für einen Preis hast du auf unsre Sorge für die Kinder gesetzt! Hätten wir keinen andern Grund, dich für den großmüthigsten und zärtlichsten Menschenfreund zu halten, so müste uns diese deine Erklärung davon überzeugen. Was bedarf es wol mehr, als einer solchen Verheisung, um die heissesten Wünsche und den thätigsten Eifer für das Beste der Kinder zu entzünden!

Was hätten wir aber wol von der göttlichen Liebe gegen die Kinder zu erwarten, wenn wir sie im Gegentheil unglücklich machten? Dies ist das andere, was uns in unserm Texte vorgehalten wird. Je mehr ihr jemanden liebt, desto empfindlicher ists euch, wenn er beleidigt wird, und je strenger ahndet ihrs, wenn ihr dazu berechtigt seyd. So urtheilt und handelt der göttliche Richter. Darum heißt es: V. 6. „Wer aber ärgert dieser geringsten einen die an mich glauben, dem wäre besser, daß ein Mühlstein an seinen Hals gehängt, und er er ersäuft würde im Meer, da es am tiefsten ist."

Kinder ärgern, heißt, sie böse machen, an ihrer Verschlimmerung Schuld seyn. Die Art, wie das geschehen kann, ist sehr mannigfaltig. Sowol unsre Worte als unsre Werke, sowol das, was wir nicht thun, als was wir thun, kann diese Wirkung hervorbringen. Ist unser Verhalten überhaupt, und insbesondere unser Verhalten gegen die Kinder von der Art, daß ihnen dadurch schädliche Meinungen und Gesinnungen eingeflößt werden; ist unser Beispiel für sie verführerisch; behandeln wir sie so verkehrt, daß die vortrefflichen Anlagen, welche der Schöpfer in sie gelegt, gleichsam verunstaltet und verdrehet werden; sind wir ihnen hinderlich, das, was wahr und vor Gott recht ist, gehörig zu erkennen, zu empfinden und zu üben: so sind wir in allen solchen Fällen die Leute, durch welche die Kinder geärgert werden. In den Augen der Welt ist das nun eine Kleinigkeit; aber nach dem Urtheil Christi ein Verbrechen, welches die strengsten Gerichte Gottes nach sich zieht. „Es wäre demselben Menschen besser, daß ein Mühlstein an seinen Hals gehängt, und er ersäuft würde im Meer da es am tiefsten ist."

O, meine Freunde! achtet doch ja auf die ernstliche Warnung, die uns hier ertheilt wird. Ohne Zweifel würde es Schaudern und Entsetzen bey euch erregen, wenn ihr sähet, daß ein Mensch

gleich

gleich den Hunden, mit einem Stein am Halse ins
Wasser geworfen würde, und ihr würdet euch wol
hüten, kein Vergehen euch zu Schulden kommen
lassen, das auf eine so fürchterliche Art bestraft
würde. Gesetzt auch, daß ein solches Vergehen
bisher noch so gewöhnlich gewesen und sehr gering
geachtet wäre, so würdet ihr doch von dem Augen-
blick an, da ihr die Drohung einer so schmäligen
Todesstrafe vernähmet, ganz anders denken. Was
sagt nun aber der Richter der Welt? Er spricht
nicht: Ein Mensch, welcher der Jugend ein Aergerniß giebt, soll ersäuft werden, er verdient das wenigstens — nein, er versichert: es wäre demselben
Menschen besser, wenn es also mit ihm käme.
Er hätte von Glück zu sagen, wenn er weiter nichts
fürchten dürfte. Aber es stünde ihm ein so schreck-
liches Schicksal bevor, daß dagegen eine schmälige
Todesstrafe nur als ein geringes Uebel anzuse-
hen sey.

Denke doch Niemand, daß dies wol eine
übertriebene Vorstellung seyn könnte, die etwa nur
dazu dienen sollte, die Leute zu schrecken. Nein,
so drohet der heilige Gott nicht, wie wol schwache
Aeltern ihren Kindern drohen. Und wie dürfte
man von dem sanftmüthigen, wahrheitsliebenden
Jesu vermuthen, daß er irgend etwas schlimmer
und gefährlicher vorstelle, als es wirklich ist?
Gewiß — so sollte wol jeder Vernünftige schlie-
ßen — gewiß muß wol das Aergerniß der Kinder

kein kleiner Fehler, sondern eine rechte Schandthat in den Augen des gerechten Richters seyn. Wehe dem, dem die Liebe selbst ein unaussprechliches Elend verkündigt!

Was muß man wol empfinden, wenn man mit der erwogenen Warnung den Leichtsinn der Welt vergleicht? Was nimmt man wol weniger zu Herzen, als die Folgen, die aus unserm Verhalten für die eigentliche Besserung oder Verschlimmerung der Kinder entstehen? Die Kinder sind uns noch zu unbedeutende Menschen, als daß wir in unserm Thun und Lassen eine besondere Rücksicht auf sie nehmen wollten. Dazu haben wir aber alle Ursache, und darauf führt uns Jesus in dem 10. V., wo es heißt: „**Sehet zu, daß ihr nicht jemand von diesen Kleinen verachtet ꝛc.**"

Saget selbst, lieben Freunde! nimmt man nicht oft in Gegenwart der Kinder unehrbare Dinge vor? Läßt man nicht faules Geschwätz vor ihnen hören? Belügt man sie nicht ohne Bedenken? Machen wir sie nicht ohne Scheu zu Zeugen unsrer Sünden — und ist das nicht Verachtung der Kinder? Gegen Personen, für die wir einige Achtung haben, pflegen wir doch nicht so zu handeln. Auch der roheste Mensch thut sich doch einigen Zwang an, wenn er Leute um sich hat, die bey ihm in Ansehen stehn. Ob wir die Kinder verachten, das zeigt sich ferner in der Art und Weise, wie wir ihnen selbst begegnen und unsre Pflichten gegen

gen sie beobachten. Wer ein Kind unterrichten sollte und er macht sich nichts daraus, wie er es unterrichtet; wer ein Kind erziehen sollte, und nimmt es auf die leichte Schulter, wie ers erzieht; wer wißbegierige Kinder von sich stößt und sich nicht mit ihnen abgeben mag; wer ihnen nur Furcht, aber keine Liebe und Vertrauen einflößt; wer sie nur nach Launen und Einfällen behandelt; kurz, wer es als eine Kleinigkeit ansieht, wie er Kinder behandelt, verachtet der sie nicht? Und warum thut man das? Ey eben darum, weil es noch Kinder sind; die müssen sich das wol gefallen lassen, und was man ihnen entzieht, was man gegen sie versieht, was man ihnen Unrecht thut, das hat alles noch nicht viel zu bedeuten. Unser Erlöser ist andrer Meinung, denn er lehrt uns: „Sehet zu, daß ihr nicht jemand von diesen Kleinen verachtet; denn ihre Engel sehen allezeit das Angesicht meines Vaters im Himmel."

Ohne uns auf eine genaue Untersuchung dieser letzten Worte einzulassen, wollen wir uns nur das daraus vorstellen, was gewiß darin liegt, nämlich: Die Kinder sind ein besondrer Gegenstand der Vorsorge und Aufsicht Gottes. Auch die heiligen Bewohner des Himmels schämen sich nicht, den Kindern der Menschen zu dienen, wenn Gott sie zu Mittelspersonen brauchen will, seinen Willen zu vollziehen. Wie thöricht wäre es nun, wenn wir uns dazu gleichsam zu gut hielten? Sind die Kinder gleich noch klein, denen wir Gutes erzeigen; so sind doch deswegen unsre Wohlthaten nicht klein und unbedeutend. Der Dienst der Kinder, ist ein Dienst, den auch Engel gern übernehmen, also ein sehr ehrenvoller Dienst. — —

Was sagen Sie nun zu dem allen, mein lieber Freund? Gewiß glauben Sie, ohne mein Erinnern, daß Sie die erwähnten Aussprüche Christi besonders angehen. Und wie theuer müssen sie Ihnen seyn! Denn, könnten Sie wol in der weiten Welt eine größere Ermunterung zu Ihrem Amte finden; könnte es Ihnen wol ehrenvoller und reizender vorgestellt werden, als es hier geschieht? O, so behalten Sie doch diese Worte Christi in unvergeßlichem Andenken, und machen dieselbe oft zum Gegenstand Ihrer stillen, ernstlichen Betrachtung. — Sehen Sie! diese Gemeinde übergiebt Ihnen einen Theil ihrer Kinder. Es ist nichts Geringes, was Ihnen die Aeltern anvertrauen: es ist ihr bestes Gut auf Erden — es sind die Lieblinge ihrer Herzen, an deren Wohl und Wehe sie den innigsten Antheil nehmen. Im Namen aller der Aeltern, die jetzt und künftig Ihnen Kinder zuschicken, empfehle ich sie Ihnen zur sorgfältigen Aufsicht und Geistes-Pflege. Lassen Sie den Wunsch und die Hoffnung der Aeltern erfüllt werden, daß auch durch Ihren Dienst und Hülfe,

die

die Kinder in den Stand gesetzt werden, schon frühzeitig und von zarter Jugend an, die Freude der Aeltern zu seyn. Oder möchten Sie wol, daß ein Vater und eine Mutter jemals mit Recht sagen könnte: „Dieser Mann hat unsre Erwartung getäuscht; er ist für unsre Kinder das nicht, was wir dachten, das er seyn sollte; wir haben sie einem bejahrten schwachen Manne genommen, der gerne wollte und nur nicht konnte, und haben sie einem jüngern, kraftvollern Manne übergeben, der wol könnte, aber nicht will." — Nein, nein, mein Lieber! diese Seufzer werden Sie gewiß nicht auf sich haben wollen. Schon um der Menschen willen, die Ihnen ihre Kinder übergeben, werden Sie Sich dieselben empfohlen seyn lassen. Aber noch mehr: Diese Kinder haben einen sehr vornehmen und mächtigen Gönner, dessen Lieblinge sie sind, und der die Versicherung von sich hören läßt: Wenn man Kinder in seinem Namen aufnähme, so solle es so gut seyn, als wenn man ihn selbst aufnähme. Und wer ist der, der also spricht? Es ist der Herr der Herrlichkeit, der König der Ehren, unser Herr Jesus Christus. Der ists, welcher Ihnen die Kinder empfiehlt. Und wie dürften Sie es vergessen, daß eben der erhabne Kinderfreund, der ein so mächtiges Fürwort für die Kleinen einlegt, auch Ihr eigener, größter Freund sey? Wem anders, als ihm haben Sie es zu verdanken, daß Sie Gott, als den Vater der Barmherherzigkeit und den Gott alles Trostes kennen? Er fordert Sie nun auf, zu beweisen, wie lieb Sie ihn haben. Er spricht auch zu Ihnen, wie dort zu Petro: „Haſt du mich lieb? — so weide meine Lämmer." Ihre Liebe, Ihre Treue, Ihren Dank gegen ihn will er an der Liebe und Treue abnehmen, die Sie in Bearbeitung seiner Lieben beweisen.

Ein Schullehrer hat demnach in seinem Berufe besondere und häufige Gelegenheiten, es zu beweisen, was für einen Werth und Einfluß die gedachten Worte des Erlösers bey ihm haben. Wer in Jesu Namen die Kinder aufnimmt — oder welches einerley ist — wer mit religiösen Gesinnungen, mit einer christlichen nach Christo gebildeten Liebe sich ihrer annimmt; wie ganz anders wird der handeln, als jener, bey dem solche Grundsätze und Gesinnungen nicht zum Grunde liegen! Ohne Zweifel sind sie das beste Gegengewicht gegen die Versuchungen, denen ein Schullehrer ausgesetzt ist, von den ich noch ein paar Worte reden will. Ich meine hier nicht sowol jene Versuchungen zu einem eigentlich ärgerlichen Lebenswandel, und grober Verletzung der Berufspflichten. Denn wie weit müßte sich der vergessen können, der sich davon hinreißen ließe! Aber es giebt feinere Scheingründe, welche die wahre Treue und Gewissenhaftigkeit bey Ausrichtung der Amtsgeschäfte schwächen können. Davor ist keiner ganz sicher,

und

und auch Sie, mein Werther! haben Ursache, sich dagegen zu wafnen.

1) Sie unterrichten künftig Kinder — der Landleute. Dieser Umstand müsse ja bey Ihnen keinen geringen Begriff von Ihrer Verpflichtung veranlassen. Denn diese Kinder sind ja Jesu so theuer, und haben eben den Anspruch auf die von ihm erworbene Glückseligkeit, in dem Reiche der Wahrheit und Tugend, als die Kinder der Allervornehmsten.

2) Sie bekommen nur die Kleinern und Jüngern von unsern Kindern. Wer aber einen guten Baum haben will, darf das Reis nicht vernachläßigen. Wie viel kömmt auf die erste Bildung und Richtung unsrer Kräfte an, und wie sehr wird dadurch alle fernere Bearbeitung erleichtert, oder erschwert? Verachten Sie also diese Kleinen nicht, und erwegen Sie, daß auch von ihnen das gilt, was der Heiland in dem heutigen Evangelio sagt. Suchen Sie stets die Vorstellung von sich abzuhalten, daß die Mühe, welche man sich um kleine Kinder giebt, nicht so viel werth sey, als die Bearbeitung der Größern. Wenn Ihre Zöglinge Lust zum Lernen bekommen; wenn sie ihren Verstand brauchen und aufmerken lernen; wenn sie Sprachkenntniß erlangen; wenn sie freimüthig, offen und doch dabey sittsam werden; wenn ihre sinnlichen Empfindungen veredelt, und Tugendgefühle in ihnen erweckt werden; wenn sie sich zur Ordnung und

Rein

Reinlichkeit gewöhnen — o dann haben sie auf die ganze Lebenszeit, und für die nachfolgenden Anweisungen unaussprechlich viel gewonnen: und dies zu bewirken, ist warlich! keine geringe Kunst, und folglich kein geringes Verdienst.

3) Unter Ihren Schulkindern werden Sie auch einfältige, unartige, ja auch wol zuweilen bösartige finden. Dies kann Ihnen Ihre Berufsarbeit sehr verleiden. Hätte mans mit lauter klugen, gutartigen Kindern zu thun, so wäre das Unterrichten eine Lust; aber so wäre auch das Verdienst geringer. Denn eben darin zeigt sich ein Hauptmerkmal von der Treue eines Lehrers, daß er sich hauptsächlich, aller Unannehmlichkeit ungeachtet, mit denen beschäftigt, die es am mehrsten bedürfen. Ach darum bitte ich Sie! das schwache in der Heerde, das tragen Sie auf Ihren Armen, das kranke, das matte Schäflein warten Sie mit besonderm Fleiß. Welche doppelte Freude wird es alsdann für Sie seyn, wenn Ihnen Ihre Sorgfalt gelingt!

4) Aber freilich können Sie nicht darauf rechnen, daß es Ihnen immer — wenigstens sogleich gelingen soll. Es geht nicht alles in der Welt, wie mans wünscht; auch bey dem Fleiß im Guten sieht man sich oft gehindert und aufgehalten. Manchesmal scheint es gar, als wenn man ganz umsonst arbeitete. Das sind traurige, niederschlagende Erfahrungen. Sollten Sie dergleichen auch gewahr werden, so lassen Sie Sich nicht dün-

dünken, als widerführe Ihnen etwas Seltsames. Werfen Sie denn ja das Vertrauen und den Muth nicht weg. Hat irgend jemand Ursach mit Gedult in guten Werken zu trachten nach dem ewigen Leben, so hats ein Lehrer.

5) Ohne Zweifel wünschen Sie auch wol die Gewogenheit und Achtung derer zu genießen, mit denen Sie nun hier in Verbindung und Bekanntschaft kommen. Der Wunsch ist sehr rechtmäßig. Soll er aber nicht zur Unzufriedenheit gereichen und nachtheilig werden, so müssen wir dabey folgende Regeln beobachten: Zuvörderst muß man nach Pauli Rath mäßig von sich halten, und nicht verlangen, daß jemand höher von uns halte, als er an uns sieht und hört. Alsdenn muß man nie eine allgemeine Gunst weder erschleichen noch erzwingen wollen; sondern nur so handeln, daß man die Achtung der Verständigen verdiene; und in dieser Absicht ja nicht vergessen, mit Einsicht und Geschicklichkeit gute Gesinnungen und gute Sitten zu verbinden. Ohne gute Gesinnungen wird man bey aller Klugheit verhaßt, und ohne gute Sitten wird man widrig und unangenehm. Wenn man nun bey einem anständigen, rechtschaffnen und klugen Betragen dennoch die Achtung und Liebe gewisser Menschen nicht erhalten kann; wenn man dennoch hämisch beurtheilt wird; wenn alles Gute, was wir an uns haben; aller Nutzen, den wir durch eine fleißige, kluge und redliche Amtsführung stiften,

Schulfreund, 4s Bdn.   B   nicht

nicht geachtet wird; sobald wir etwas wirklich, oder nur der Meinung nach versehen — was müssen wir in solchen Fällen thun? Uns darin finden lernen. Der Beifall der Kenner und noch mehr der Beifall Gottes, hält uns schadlos. O, Sie glauben nicht, wie nöthig es für einen angehenden Lehrer ist, diese Weisheits-Regeln vor Augen zu haben.

6) Endlich, mein Lieber! muß ich noch dies erwähnen. Sie haben Ihren Dienst hier für eine geringe Belohnung übernommen. Sollte Ihnen wol nicht einmal der Gedanke einfallen: „Für das Wenige, was du hier kriegst, magst du leicht genug thun," und sollten wol solche Gedanken nicht nachtheilige Folgen auf Ihr Amt haben? Wodurch wollen Sie wol einer solchen Versuchung den Zugang zu Ihrem Herzen wehren? Einigermaßen könnten Sie es schon dadurch, wenn Sie Sich an Ihre eigene freiwillige Entschließung erinnern. — Besonders aber wird die Vorstellung eine stärkende Kraft an Ihrer Seele beweisen, die sich auf die erwogenen Worte Christi gründet, wodurch Sie versichert werden: daß ein gewissenhafter Lehrer ein Diener Christi, und zu der Hoffnung Davids berechtigt ist: „Herr, du belohnest die wohl, die deinem Namen dienen." Aber „willst du Gott dienen, so laß dirs einen Ernst seyn. — Wer ein Amt hat der warte seines Amts. — Seyd nicht träge

ge, was ihr thun sollt." — Das sind heilige Vorschriften der Religion und des Gewissens, die man nicht aus den Augen setzen darf, wenn man nicht zugleich alle Hoffnung zu dem herrlichen Lohn aufgeben will. Nur dann, wenn wir mit Fleiß thun, was uns zu thun gebührt; wenn wir mit wirklichem Ernst und Anstrengung das Gute auf eine gute Art verrichten; wenn es uns nicht blos um die äußern Vortheile unsers Standes zu thun ist, sondern wenn wir vornehmlich den Nutzen, der dadurch gestiftet werden soll, ins Auge fassen: nur dann sind wir berechtigt uns einer verheißenden, segnenden Vorsehung zu trösten. Diese Versicherung hat uns der Sohn Gottes hinterlassen: „Trachtet am ersten nach dem Reiche Gottes und nach seiner Gerechtigkeit, so wird euch das übrige alles zufallen." Was also Ihr zeitliches Auskommen betrift, so halten Sie Sich an diese Zusage, und ihre Bedingung. Glauben Sie, daß Ihnen mit der Zeit eine Verbesserung Ihrer Einkünfte nöthig seyn dürfte, so sehen Sie nur dahin, daß Sie diese Verbesserung verdienen, und dann seyn Sie unbekümmert. Haben Sie Geschick und Kräfte, außer Ihren Berufsarbeiten, sich durch anderweitige anständige Geschäffte erlaubte Vortheile zu verschaffen, so thun Sie wohl daran. Nützliche Thätigkeit, ist besser, als Langeweile, Müßiggang und leerer Zeitvertreib. Aber, alles andre lieber seyn wollen, als das, was man

man eigentlich seyn soll; Arbeiten übernehmen, unter denen die eigentlich pflichtmäßigen Geschäffte leiden; so sich zerstreuen, sich beschäftigen, daß man dadurch Zeit, Lust, Munterkeit und Geschick zu den Berufspflichten verliert: — das ist nicht tugendhafter Fleiß; das ist Unordnung, Unzufriedenheit mit unserm Stande, Ekel und Unbehaglichkeit an unsern Pflichten; — das ist mit einem Wort — Sünde.

Wie viel könnte und müßte ich wol hier noch hinzufügen, wenn ich nicht glaubte, daß Ihre eigene Kenntniß und Gewissenhaftigkeit Ihnen das sagen und weiter ausführen würde, was ich hier gar nicht, oder nur kürzlich, berühre. Sie sind bisher in einer besondern vortrefflichen Anstalt zu Ihrem Amte vorbereitet. Sie haben rühmliche Zeugnisse Ihres bisher bewiesenen Fleißes und Wohlverhaltens. Das ist uns nun sehr schätzbar, und wir freuen uns mit Recht darüber. Aber eben das berechtigt uns auch zu besondern Hoffnungen. Wer es weiß, was zu einer wirklich guten Anführung der Kinder gehört, der wird gewiß auch in seinem Amte sich immer mehr zu vervollkommnen suchen, und sich nie durch Eigendünkel verleiten lassen, guten Rath und Belehrung, nebst eigenen, fortgesetzten Fleiß, fahren zu lassen. Nur diejenigen, welche blos die Oberfläche ihrer Pflichten sehen, pflegen am ersten von sich zu glauben, daß sie schon alles gut genug verstünden, und daß man bey dem Antritt

tritt eines öffentlichen Lehramts ausgelernt habe. Der wahre Weise denkt ganz anders. Dieser betrachtet seine öffentliche Geschäffte nur als einen Theil seiner Arbeiten, und er sucht daher im Stillen durch Vorbereitung, Nachdenken und Nachlesen, durch Umgang mit Erfahrnen, und durch Folgsamkeit gegen belehrenden Rath, seinen eigenen Verstand und sein Herz immer mehr auszubilden. Das sind nun freilich Arbeiten, welche die Welt am wenigsten bemerkt und achtet. Aber Schade dafür! Hat man doch dabey den beruhigenden Trost in sich selbst: „Ich lese, denke, höre, bete, und benutze meinen Umgang für meinen Beruf." Glauben Sie also ja nicht, daß es etwas Erniedrigendes für Sie sey, wenn ich Sie zum Schluß ermahne, daß Sie doch ja auch in Ihrem Amte nicht aufhören mögen, jedes Hülfsmittel, jede Ermunterung und günstige Gelegenheit zum Wachsthum im Guten redlich zu benutzen.

O, lassen Sie Sich nur den großen Zweck Ihres Berufs, und die Worte Christi darüber in dem heutigen Evangelio beständig gegenwärtig seyn. Bey dem Anfange Ihres Amts, und bey der Fortsetzung desselben, machen Sie den Grundsatz Pauli auch zu dem Ihrigen: Ich übe mich zu haben ein gut Gewissen, beides gegen Gott und gegen die Menschen. Dies ist das Wesentliche der Treue, welche Sie beweisen müssen. Diese Treue, ist's, wozu ich Sie, nach Befehl der Landesherrschaft, auf-

forderfordete und verpflichte. Diese Treue ists, wozu Sie Sich nun durch Ihr Jawort und Handschlag öffentlich verbindlich machen. Sind Sie also entschloßen, Sich als einen treuen und gewissenhaften Schullehrer zu beweisen, so versichern Sie solches durch ein lautes Jawort, und geben mir die Hand darauf. — — —

Nun so seyn und bleiben Sie das, was Sie zu seyn und zu bleiben versprochen haben. Ich versichere Ihnen dabey den Schutz der Obrigkeit, unsere Liebe, nebst jeder möglichen und billigen Unterstützung; besonders aber die Hülfe und Gnade Gottes in Christo Jesu unserm Herrn. Wenn er einst kommen wird, der große Erzhirte seiner Schafe und Lämmer, Sie von Ihrem Dienste abzufordern, so wird er auch Ihnen zurufen: Ey, du frommer und getreuer Knecht, du hast die Kleinen Kinder in meinem Namen aufgenommen, und du hast also mich aufgenommen; du bist über weniges getreu gewesen, nun will ich dich über viel setzen. Gehe ein zu deines Herrn Freude. — —

Mit diesen schönen Gedanken erfüllt, möchte ich nun wol meine Rede beschließen, wenn ich es nicht für nöthig hielte, mich noch mit Wenigem an die Glieder meiner lieben Gemeinde zu wenden. Nimmt ein Lehrer wichtige Pflichten auf sich; muß er dieselben bey dem Antritt seines Amts in Erwägung ziehen, und hernach stets vor Augen behalten;

hat

hat er deßfalls Rechenschaft abzulegen, und Lohn oder Strafe zu erwarten: so findet das alles auch bey einer Gemeinde statt, in Ansehung des Verhaltens gegen ihren Lehrer. Ob ich nun gleich jetzt nicht mehr ausführlich von dieser Wahrheit reden kann, so muß ich euch doch wenigstens mit einigen Worten darauf aufmerksam machen. Das erste, was Gemeinden einem Schullehrer schuldig sind, ist die Sorge für seinen Unterhalt. Gegen den jetzt eingeführten jungen Mann habt ihr damit einen rühmlichen Anfang gemacht, und eure Zuneigung dadurch bewiesen, daß ihr, so viel es euch die Umstände erlaubten, zu seinem Auskommen und Bequemlichkeit behülflich gewesen seyd, so wie ihr euch denn auch zu fernerer Unterstützung bereitwillig finden laßt. So ists recht, meine Lieben! und so hoffe ich, daß ihr in diesen guten Gesinnungen fortfahren werdet. Nur kommt es nicht blos darauf an, was man einem Lehrer giebt, sondern überhaupt auf die ganze Begegnung, und auf ein solches Verhalten, woraus er sehen kann, daß er einer Gemeinde lieb und werth sey. Gewiß, es ist nichts Geringes, ob wir jemanden die verdiente Achtung beweisen, denn das erfordert nicht allein der Wohlstand, sondern auch die Menschenliebe, und selbst die Gerechtigkeit. Durch die Verletzung dieser Pflicht kränken und schaden wir eben so sehr, ja oft noch mehr, als durch Entziehung der schuldigen Gebühren. Was nun einen Schulmann betrifft, so seht ihr von selbst ein, daß die Kinder ihn nicht verächtlich und grob begegnen dürfen; denn was wollte da heraus kommen? Aber richten sich die Kinder nicht nach den Beispielen, die ihnen gegeben werden? Halten sie nicht diejenigen werth, die ihren Eltern werth sind? Bekommen sie im Gegentheil nicht eine schlechte Meinung von denen, die sie in ihren Häusern schlecht beurtheilen hören und behandeln sehen. Ist denn etwa ein Kind, so lange es noch in die Schule geht, aus Furcht bescheiden, so setzt es doch diese Bescheidenheit bey Seite, sobald es der Schulzucht nicht mehr unterworfen ist. Wenn also Erwachsene sich ungezogener Ausdrücke gegen einen Lehrer bedienen, oder doch wenigstens in einem solchen Tone von ihm reden, den man nicht annimmt, wenn man von Personen spricht, die man hochschätzt: so kann dies keinen andern als schädlichen Einfluß auf die Kinder haben. Uebrigens wird doch auch wol kein billiger Mensch sich zur Verachtung eines Schullehrers darum für berechtigt halten, weil er etwa an ihm gewisse Fehler und Mängel wahrzunehmen glaubt. Denn einmal wird ihm doch dabey sogleich die Frage einfallen müssen: „irrst du dich wol nicht?" und gesetzt, daß dies nicht wäre, so wird er zu bedenken haben, daß auch der Lehrer ein Mensch ist, von dem man keine übermenschliche Vollkommenheit erwarten kann, und daß selbst der Herr mit seinen Knechten zufrieden ist, wenn sie nur treu erfunden werden. Bey den wirklichen oder vermeinten Versehen eines Schulmanns, bleibt

es

es immer eine ungeschickte Art des Benehmens, wenn ihm da jemand sogleich das Haus stürmt, und unbescheiden zur Rede setzt: da man in solchen Fällen auf eine gesittete Art sich mit ihm unterreden, oder aber nur da seine Beschwerden anbringen sollte, wo man darüber zu urtheilen im Stande und berechtigt ist.

"**Erkennet denn also, die an euch arbeiten, und habt sie desto lieber um ihres Amts willen.**

Arbeitet ein Schulmann nicht an euch selbst, so arbeitet er doch an euren Kindern, und sein Amt ist, sie so zu bilden, daß ihr Freude an ihnen erleben könnt. Auch ein fruchtbarer Acker trägt Unkraut, wenn man ihn nicht ordentlich beartet: eben so verwildert ein Kind bey den besten Anlagen, wenn sein Verstand und Herz nicht gehörig bearbeitet wird. Ist euch nun ein Mensch lieb, der euch in eurem Ackerbau zu Hülfe kömmt, wie viel schätzbarer muß euch denn ein Mann seyn, der euch beisteht, eure Kinder weise, gut und glücklich zu machen.

Nun sollte ich euch noch wol ermahnen, eure Kinder fleißig zur Schule zu schicken. Aber ich denke, daß ich das nicht nöthig habe, und daß ihr darin eben die Sorgfalt beweisen werdet, die ihr bisher auf eine so rühmliche Art an den Tag gelegt habt. Eben so habe ich das gute Zutrauen zu euch, daß ihr bereitwillig seyd, die beiden, für die kleine Schule einzuführenden Lehrbücher, anzuschaffen. Das eine ist: das sogenannte kleine Schulbuch.

Das andere: des Herrn von Rochow Kinderfreund. Beides Bücher, die schon unter euch bekannt und beliebt sind, und die es noch mehr zu seyn verdienen. Wenn Kinder einen eigentlichen Religionsunterricht gehörig benutzen sollen, so müssen sie erst aufmerken, und ihren Verstand brauchen lernen. Die Anleitung zum vernünftigen Denken ist so nothwendig als die Leseübung. Nun aber müssen Kinder erst bey sinnlichen und leichten Dingen ihren Verstand üben, ehe sie ihn zur Einsicht höherer Wahrheiten anwenden können. Wenn also der Unterricht der kleinern Kinder auf diesen Grundsatz gebauet wird, so laßt euch das lieb seyn. Die guten Folgen davon, werden denn bald in der Erfahrung sichtbar werden.

Jedoch, was hielfen euch die besten Schulanstalten, wenn ihr auf der einen Seite wieder verderben wolltet, was auf der andern gut gemacht wird. O, ihr Eltern! ich weiß wol, daß ihr eure Kinder nicht mit Fleiß albern und böse machen wollt! Aber denkt nur: können sie nicht eben so gut sterben, wenn man sie aus Unverstand und Gedankenlosigkeit in einen Abgrund stürzt, als wenn man es absichtlich thut? Und ist denn eine solche Gedankenlosigkeit nicht strafbar genug, wenn man oft davor gewarnt, und auf die Folgen aufmerksam gemacht worden ist? Wofern ihr selbst, leichtsinniger Weise, einen gefährlichen Weg wandelt, so steht nichts anders zu vermuthen, als daß eure Kinder euch folgen, und

und sich an den Zuruf der Lehrer nicht kehren werden. Und wenn ihr auch nicht die Geschicklichkeit erwerben, und die Sorgfalt beweisen wollt, die eine gute Erziehung erfordert, so seyd ihr selbst diejenigen, die den guten Wirkungen des Schulunterrichts im Wege stehn. Ich bitte und ermahne euch also aufs dringendste, die Anweisungen zu befolgen, die ich euch sonst zu einer vernünftigen und christlichen Erziehung gegeben habe.

Thut es doch, ihr lieben Eltern! es ist ja die größte Liebe, die ihr euren Kindern beweisen könnt. Ihr aber, erwachsene Söhne und Töchter! möchtet ihr wol einem kleinen Kinde zur Lust die Augen ausschlagen? Das werdet ihr nimmermehr thun. Aber in der That würdet ihr noch grausamer handeln, wenn ihr aus Scherz, und gleichsam zum Zeitvertreibe, seinen Verstand verderben, und sein Herz vergiften wolltet. Laßt doch um Gottes Willen eine solche Sünde euch nicht zu Schulden kommen. Strebet vielmehr nach dem großen Segen, den ihr dadurch erhalten könnt, wenn auch durch euer Beispiel junge Kinder Ermunterung zum Wohlverhalten finden. Nichts ists liebenswürdiger, als eine gesittete, tugendhafte und hoffnungsvolle Jugend. Glückliche Gemeinde, die eine solche Jugend zu haben, sich angelegen seyn läßt!

O Allgütiger! mache uns so glücklich, durch deine alles vermögende Gnade. Segne Lehrer und Lernende; Aeltern und Kinder. Mache Kirche und

und Schulen zu Pflanzstädten der Gerechtigkeit, und unser Dorf zu einem Orte, wo deine Ehre wohne, und die Zahl der Wohldenkenden, zu allem guten Werk geschickten Menschen, immer mehr vergrößert werde. Amen.

II.
Wie könnte man Kindern das Lernen und Schulgehen zur Freude machen?
Fortsetzung.

Ich kehre von einem so langen Abstecher von meinem Wege, jetzt auf denselben zurück, und denke mich nun nicht wieder so weit davon zu verlieren, und ihn nun so kürzer zurück zu legen.

Die dritte Regel, zur Beantwortung obiger Aufgabe, welche mit der vorigen nahe verwandt, und deren Befolgung durch die der ersten Regel wenigstens erleichtert wird, ist die: Gewöhne dich überall zu einer liebreichen, sanften Behandlung deiner Kleinen.

Dazu wird dir der Gedanke gut thun: denke dich immer recht lebhaft in dem Verhältnis eines Vaters gegen deine Kinder. So liebe sie; so gewinne ihr Zutrauen; so unterrede dich mit ihnen; so ermahne; so bestrafe sie. Ein sanftes, Zutrauen erweckendes, und Herzen gewinnendes Wesen, ist keinem nöthiger;

als

als dem Prediger und Schullehrer. Hat er es; — so ersetzt es selbst viele andere, ihm mangelnde Lehrgeschicklichkeiten. Fehlt es ihm, — so wird er seinen besten Lehren und schönstem Unterrichte nicht immer die gewünschte Wirksamkeit auf die Herzen der Kinder geben können. Hier muß selbst Fleis und ernstliches Bemühen das ersetzen, was die Natur versagt hat, wenn man gehörig nutzen will. Wie manchem vortrefflichen und geschickten Schullehrer fehlt nichts, als das eine — wie soll ichs gleich nennen? ich möchte sagen: der sanfte Johannes-Jüngersinn! und er würde bey demselben doppelt und dreifach der nützliche Schulmann seyn.

Ein, auch bey guter, bester Meinung uns eigene Rauhigkeit und Aeusseres, bey Vergehungen auffahrendes Wesen, schreckt immer ab, und verhindert Zutrauen und kindlichen Frohsinn bey den Kleinen, die durch Freundlichkeit und sanfte Güte angezogen und behandelt seyn wollen. Von Schimpfen, Poltern, Toben und Schlägen, will ich nicht einmal sagen! Fort damit aus jeder Schule, die auf den Namen einer guten Schule Anspruch machen will. Es ist des Schullehrers so unwürdig, als es für die Verschlimmerung der Kinder von sichern und traurigen Folgen, und das wirksamste Mittel ist, den letzten alle Lust zu Schul und Unterricht recht herzlich zu verleiden. Möchten sich doch meine Leser hier an das Beispiel Basedows erinnern, und was darüber im Schulfreund erzählt ward: wie eben das

sanf-

sanfte und alle Kinderherzen fesselnde Betragen des Mannes, dem sonst die Natur ein etwas abschreckendes Ansehen für Kinder gegeben hatte, ihn zu dem nützlichsten Mann machte, der er war, und an dem die Kinder, trotz seiner schwarzen, dicken Augenbraunen, so ganz hiengen!

Vierte Regel: Beschäftige die Kinder nicht zu lange mit Einerley, sondern suche alle Mittel und Künste anzuwenden, so viel als möglich Mannichfaltigkeit und Abwechselung in deinen Unterricht zu bringen; zumal wenn die grausame Gewohnheit es will, daß deine Kinder mehrere Stunden lang hintereinander in deiner Schule da sitzen müssen.

Thust du das nicht, kannst du es nicht: so rechne darauf, daß deinen Kindern das Schulgehen nie Freude, sondern für ihre jungen lebhaften Seelen Marter seyn wird. Keine im Aufmerken und Nachdenken Ungeübte — am wenigsten aber Kinderseelen, können eine lange Beschäfftigung mit einer und derselben Sache, am allerwenigsten aber wenn sie Anstrengung erfordert, aushalten. Sie ermüden, und das Gefühl muß es jedem Schullehrer, der beobachten kann, sagen, wenn es genug sey.

Es wird also allerdings Bedachtsamkeit und eine nicht geringe Kenntniß dazu erfordert, einen geschickten Lektionsplan zu ersinnen, wo die Lehrbeschäfschäftigungen so geordnet sind, daß sie, statt zu ermüden und Ekel zu verursachen, mehr noch die Aufmerksamkeit wecken und die Lernbegierde reizen. *) Kann der Schullehrer ihn nicht selbst machen: so müßte sein Prediger oder Schulaufseher ihm mit Rath und That dazu an die Hand gehen können. Wie alle frohe Laune der gern froh seyn wollenden Kinder, und auch alle — ich möchte sagen — Spannkraft der Seele erschlaffend und tödtend ist es, wenn da eine Glockenstunde buchstabirt, eine Stunde hinter einander gelesen wird u. s. w.! Ich möchte fast sagen, daß es ein ganz phlegmatisches, oder Seel- und Leibeskrankes Kind seyn müßte, das da nicht jähnen und das Ende der Schule sehnlichst herbei wünschen sollte. Man komme nur nicht immer hier sogleich mit dem alten Geschrey dazwischen: daß so die Kinder nicht an ausdauernde Seßhaftigkeit und anhaltende Beschäftigung gewöhnt würden! Die erste von Kindern zu verlangen, zeigt von Unkenntniß der Kinderseelen und Kinderkörper, und die letzte, die ich so nöthig als einer halte, gehört fürs Jünglingsalter und für diejenigen, die sich anhaltenden Geistesbeschäftigungen künftig widmen wollen. Aber auch diese zu früh dazu angehalten — heißt: sie früh an Seel und Leib zu Invaliden

---

*) Vielleicht daß wir in der Folge eben einen solchen Lektionsplan liefern, der wirklich realisirt ist, oder es doch werden kann.

d. Vf.

liden machen. Wie viel wäre hier noch zu wünschen übrig! Wie wünschenswerth auch der Vorschlag, daß die Seelenbeschäftigung der Kinder mit kleinen körperlichen Beschäftigungen, welche die Kräfte wieder wecken und stärken würden, abwechseln möchte! Daß bey jeder Schule ein grüner Platz oder Garten seyn möchte, wo die Kinder nach halben oder wenigstens ganzen Stunden Unterricht, ein Viertelstündchen unter Aufsicht wieder herumspringen, spielen, und mit der reinen Luft auch neue Lust und Munterkeit einathmen könnten! Freilich sehe ich wol, was unvernünftige Aeltern dazu sagen würden! Aber warlich auch nur unvernünftige, die ihre Kinder also auch selten vernünftig lieben können. — Bey der Abwechselung des Unterrichts selbst wäre denn das im Allgemeinen Regel: daß auf Beschäftigung, die mehr Anstrengung des Verstandes erfordert, allemal eine angenehme und leichtere folgen müßte! Es ist hier der Ort nicht, die mancherley Uebungen und Lehrarten zu erzählen, die da angewandt werden könnten. Unter den Ermunterungen der Kinder, wovon ich hernach reden werde, wird noch Manches hierher gehörige vorkommen.

Fünfte Regel: Lehre die Kinder Nichts, ohne ihnen, so viel sie davon für jetzt fassen können, allemal den Nutzen davon zu zeigen.

Es liegt in der menschlichen Seele: daß man nur das mit Wohlgefallen thut, und mit Freuden annimmt, wovon man den Nutzen einsehen gelernt hat. Man sage ihnen also, wozu und wie sie dies, und unter welchen Umständen sie es brauchen können; so werden sie Freude daran haben, es aufmerksamer hören, begieriger auffassen und fester behalten. Man wende dies aufs Schreiben, aufs Rechnen, auf Natur- Länder- Kenntnisse u. s. w. an, und zeige ihnen recht fühlbar die Fälle, durch geschickte Erzählungen, wo es Vortheil stiftet das zu wissen, und schon oft Schaden gebracht hat, es nicht zu wissen. Es ist dem Menschen sehr eigen, daß er nichts gern umsonst lernen will. Auf diese Weise denk ich, würden die Kinder die Schule und den Unterricht in derselben selbst gar bald als Wohlthat ansehen lernen, und vielleicht die Aeltern sogar, die über so manche Art des Unterrichts sehr unrichtig denken, und ihn für Possen oder doch für unnützlich halten, mit der Zeit gar durch ihre Kinder gebessert werden. Ueberhaupt aber ist es, dünkt mich, ein großer Grundsatz, worüber sich viel sagen und noch mehr davon erwarten ließe: **daß die Aeltern nach gerade durch die Kinder zu bessern wären!** Mir scheint er der richtigste, und das Mittel zu seyn, vielen Uebelständen aufs wirksamste abzuhelfen, und viel Gutes mit der Zeit zu stiften und zu veranlassen.

Schulfreund, 4s Bdn.　　C　　Die

Die sechste Regel folgt aus der vorigen, an welche sie sich sehr eng und natürlich anschließt: **Lehre die Kinder nichts, was sie nicht verstehen können, oder was du ihnen für ihr Alter noch nicht verständlich machen kannst.**

Hier liegt große Weisheit für den Schullehrer! Auch diese Regel ist ganz auf Kenntniß der menschlichen Seele gegründet. Wie kann ich an etwas Vergnügen finden, und es mit Freuden lernen, wobey ich mir nichts denken und das ich nicht verstehen kann? Und sonach würde freilich Luthers Katechismus wol zunächst für einfältige Pfarrherren aber nicht für einfältige Kinder gehören! wenigstens wird eine sehr mühsame Erklärung dabey allemal nöthig seyn; weil die bloßen, auswendiggelernten Worte nichts helfen können. Was Kinder mit Freuden lernen sollen, muß durch Vorkenntnisse vorbereitet seyn. Man muß mit ihnen über Dinge reden, die ihnen bekannt sind, und an solche den Unterricht über ihnen noch unbekannte anzuknüpfen wissen, d. h. wie die Gelehrten es nennen, ex concessis, mit ihnen disputiren, und darin ist wahre Lehrweisheit! Wer sie nicht hat, kann sich einbilden, daß er ein gar guter Schulmann sey; kann wirklich sehr nützliche Sachen lehren — die aber nur leider! für die Kinder nicht nützlicher sind, als wenn er ihnen hebräische Vokabeln vorsagte. Aber nichts kann die Kinder mehr

froh

froh erhalten, und ihnen Luft zur Schule beibringen, als wenn der Lehrer ihnen alles deutlich und verständlich machen kann, weil die Sachen entweder so sind, daß sie von ihnen verstanden werden können, oder weil die Lehrart so ist, daß sie ihnen verständlich werden müssen. Das führt aber uns mittelbar zu der Siebenten Regel: Suche deswegen ihren Verstand frühzeitig zu wecken, zu beschäftigen, und hange ja nicht am Maschinen-artigen Auswendiglernenlassen.

Das Fassen ins Gedächtniß findet sich von selbst, wenn die Kinder erst etwas ihrem Verstande eigen gemacht haben; nur mit dem Unterschied, daß sie das, blos mit dem Gedächtniß gefaßte, wobey sie nichts denken, bald wieder verlieren; das mit dem Verstande begriffene aber veste bleibet. Nur leichte, ihnen vorher erklärte, kurze Denksprüche, ein Liedervers und dergleichen, müssen, wenn er erst ganz verstanden ist, von ihnen höchstens auswendig gelernt werden. Umgekehrt heißt im eigentlichsten Verstande: die Pferde hinter den Wagen gespannt. Also sey es vester Grundsatz: nichts müsse gelehrt werden, was die Kinder nicht auch zugleich verstehen lernen. Und da mag der nutzenwollende Schullehrer dann ja nicht vergessen, sich immer in die begriffleeren Kinderseelen hineinzudenken, damit er nicht in der Meinung stehe, daß dies und jenes ja verständlich genug sey, weil es ihm vielleicht das ist.

Eigentlich sollte denn freilich der ganze Schulunterricht Verstandesübung seyn. Ihn dazu zu machen, findet sich allenthalben, und selbst schon beim Buchstabiren Gelegenheit, und dies ist nun ein Mittel zugleich den Kindern das Lernen, auch der trockensten Sachen, angenehm zu machen. Also wenn Apfel, Baum, Eisen, Holz, Korn, Regen, Sonne buchstabirt wird: sollte sich nicht da schon viel, das den Kindern Freude macht, sagen lassen? Und sollte es nicht zur Erweckung der Aufmerksamkeit und Lernlust besser seyn, dann und wann bey einem solchem Worte inne zu halten, das eine Sache bezeichnet, von der die Kinder schon Vieles oder doch Manches wissen! Wie viel Fragen lassen sich da thun, z. E. Kind, kennst du wol einen Baum? was für einen? was wächst auf dem Baume? darfst du, was auf allen Bäumen wächst, wol abreißen? z. E. in des Nachbars Garten? und warum nicht? Zeige mir einmal was von Eisen hier in der Stube? Recht! der Ofen! die Thürklinge oder der Drücker! der Nagel! das Messer! — wer macht so was von Eisen? so und so lassen sich hundert Fragen thun. Weiß das Kind dies und jenes nicht zu beantworten, das es doch wissen könnte: so ist es nicht gut, ihnen dies sogleich zu sagen; dadurch wird es nicht geschickt, seine Kräfte zu gebrauchen. Also würde ich zu solchem

chem Kinde sagen: siehe dich um zu Hause, ob du dies und jenes finden kannst, frage andere, und sage mirs morgen wieder. Und dies leitet mich auf

Die ächte Regel: Lerne frühzeitig die Kinder ihre Kräfte brauchen, und laß sie dieselben zeigen.

So bekommen sie Zutrauen zu sich selbst, und es ist eine gar große Freude und Ermunterung für sie, selbst etwas erfunden und getroffen zu haben. Sie merken dadurch, wozu das Lernen und Achtunggeben hilft, und so wird ihnen dasselbe immer mehr zur Lust. Der Lehrer muß durchaus nicht allein Alles thun; nicht gleich nachhelfen, nicht es besser sagen; er muß auch die Kinder arbeiten und ihre Kräfte anstrengen lassen; der Lehrer muß sie nur wecken, leiten uud ihren Gebrauch erleichtern. Dadurch nur werden dieselben geübt, und sie selbst kommen weiter. Daß hierzu von Seiten des Lehrers Kenntniß von Kinderseelen und Herablassung zu ihren Begriffen und Bedürfnissen, daß besonders dazu wahre Geschicklichkeit in der Sokratischen Hebammenkunst erfordert werde, die nicht Begriffe in die Seelen hineinbringt, sondern dieselben aus den Seelen der Kinder zu Tage fördert, und so lange kehrt und wendet durch Fragen, Erläutern u. s. w. bis sie berichtigt sind — versteht sich von selbst. Wer sie in seiner Gewalt hat, und sie lernt sich durch Uebung am besten — der

ist

ist gewiß, nicht nur nützlich; sondern hat mit derselben auch das wirksamste Mittel in Händen, seinen Kindern das Lernen zur wahren Freude zu machen.

Ich könnte endlich noch die letzte **Regel** hinzufügen: daß der **Schullehrer**, um seinen Kindern das Lernen und Schulgehen zur Lust zu machen, besonders auch **auf zweckmäßige Ermunterungsmittel des Fleißes, der Aufmerksamkeit, Ordnung und des Wohlverhaltens denken müsse.**

Ich will aber nur mehr daran hier erinnern, als es ausführen. Nachdenkende Lehrer werden selbst nach der Kenntniß, die sie von der eigenthümlichen Gemüthsart und den Neigungen ihrer Kinder haben, denselben gemäß dergleichen weislich aussinnen. Denn allgemeine Regeln sind hierüber fast nicht möglich. Es kann für ein Kind etwas ermunternd seyn, was für das andere es weniger ist; es kann Belohnungen geben, die für einige sehr erweckend und reizend, für andere gar in Absicht ihrer Sittlichkeit nachtheilig sind. Was hilft z. E. herauf oder höher setzen für ein Kind, das keine Ehrbegierde hat; — diese müßte erst geweckt werden; und für ein anderes kann solche Ermunterung sogar, wenn es schon zum Hochmuth eine überwiegende Neigung hat, schädlich werden, indem es andere seiner Mitschüler verachten, und auf das bloße **Wissen** vielleicht einen zu großen Werth setzen lernt. Ueberhaupt glaube ich, daß bey sol-

chen

chen Belohnungen, um nicht zu schaden, und Kinder nicht stolz zu machen, und die andern zum Neid frühzeitig zu gewöhnen, oder sie niederzuschlagen, es allemal wohlgethan sey, daß nicht auf Fleiß im Lernen allein, sondern auf Alles, auf Ordnung, Sittlichkeit, Reinigkeit, Wohlverhalten zugleich Rücksicht genommen werden müsse, wenn solche Vorzüge durch Erhöhung einem Kinde gegeben werden sollen. Oft wird ein bloßes, mit Wohlgefallen und Bedeutsamkeit ausgesprochenes, lobendes: Gut! mein Kind! schon hinreichende Ermunterung seyn! Auch rechne ich dahin: eine versprochene, angenehme Erzählung! Vorzeigung eines schönen Bildes; (dergleichen ich viele treudarstellende in jede Volksschule wünschte); ein Spaziergang des Lehrers, wozu er eines oder das andere, vorzüglich gute Kind mitnähme; das Hinführen der Erwachsenen in die Werkstätte der Handwerker und Künstler (Schmiede, Rademacher, Schlösser, Tischler und dergleichen giebts ja auf jedem Dorfe). Man sieht leicht, worauf ich mit solcher Art Ermunterungen und Belohnungen hinziele. Alle sollen nämlich darauf Beziehung haben und dahin mitwirken, den Kindern das Mehrlernen, Verständigerwerden und Zunehmen an Erkenntniß, also: das Lernen und die Schule selbst, zur Belohnung und Ermunterung zu machen. Vieles könnt ich hier sagen, wenn ich nicht für den Raum dieser Blätter schon fast zu viel gesagt hätte.

te. Immer wird es doch hoffentlich so viel seyn, um wohlgesinnte Schullehrer auf die größeste aller Künste, die sie zu studiren haben, durch Winke aufmerksam gemacht zu haben. Sie selbst, so wie ihre Kinder, werden sich in der Maaße wohl befinden, als die ersten es der Mühe werth halten, sie dazu anzuwenden, es dahin zu bringen, daß letztere mit Freuden lernen; und wenn sie dann selbst der Freuden in ihrem Amte mehr haben, und ihre lieben Kleinen so froh und lernbegierig um sich sehen; so wird ihnen das gewiß hinlänglicher und süßer Lohn ihrer hierauf gewandten Bemühung seyn!

Zerrenner.

III.
Methode im Schreibunterricht.

Das Schreiben sollte schlechterdings in jeder Schule von Knaben und Mädchen erlernt werden, theils wegen des Vortheils den die Kenntniß davon in dem künftigen Leben gewähren kann, theils wegen desjenigen, der schon in der Schule daraus entsteht. Denn seine Gedanken aufsetzen, befördert die Ordnung und Aufmerksamkeit im Denken ungemein; und können die Kinder Geschriebenes lesen, so lesen sie gemeiniglich das Gedruckte so viel fer-

fertiger, und der Lehrer ist im Stande, sowol auf der Tafel, als auch auf kleinen Zettelchen, Manches zur Erinnerung, zur Wiederholung und zum Nachdenken ihnen vorzuschreiben, und also die Bildung ihres Geistes durch ein neues Mittel zu befördern. Ich habe gefunden, daß die meisten Kinder gern und leicht schreiben lernten, wenn nur der rechte und natürliche Weg bey diesem Unterricht eingeschlagen wurde, und daß derselbe dann auch eine angenehme und ermunternde Abwechselung für sie veranlaßte. Die Methode, welche ich darin als die beste fand, will ich hier kürzlich beschreiben.

Es ist allemal mit dem Lesen geschriebener Schrift der Anfang zu machen, weil die Kinder nicht eher das eigene Zeichnen der Buchstaben mit Lust und Erfolg unternehmen können, als wenn sie schon die Bedeutung derselben und den Unterschied des Einen von dem Andern durch das Lesen kennen. Soll aber das Lesen und Schreiben, wie es gewöhnlich geschieht, zugleich gelernt werden, so verfährt man nicht elementarisch, erschweret den Unterricht durch die doppelte Mühe, und erschwerter Unterricht geht nie so gut von statten. Ich nehme also diejenigen Kinder, welche das Gedruckte eben etwas fertig lesen, an die große Tafel, und lasse sie da erst die mit Kreide vorgeschriebenen Buchstaben kennen lernen. Täglich kann man 4 bis 5 neue Buchstaben vornehmen, daraus leichte Worte zusammensetzen, und so das Alphabeth durch-

durchgehen. Alsdann giebt man ihnen schon kleine Zettelchen, die man zu diesem Endzweck in genügsamer Menge angefertiget hat, mit nach Haus, worauf ein leichter Reim oder Satz deutlich geschrieben ist; jedes muß seinen Zettel am folgenden Tage, wenn es zur Schule kommt, lesen, und empfängt dagegen einen neuen. Diese Zettelchen haben so vielen Reiz für die Kinder, daß sie mit Lust lesen lernen, um nur auch dergleichen zu bekommen.

Nun wird der Anfang mit Schreiben gemacht. Man hüte sich nur, daß man nicht gleich anfangs das ganze Alphabeth der Reihe nach vorschreibe, und die Kinder nichts als einzelne Buchstaben malen lasse. Dies ist für sie höchst ermüdend, weil sie nichts dabey zu denken haben. Sobald also nur die ersten leichtesten Züge von i, n, m, u, o, e begriffen sind, so setzt man schon aus diesen Buchstaben so viel Sylben und Wörter zusammen, als möglich, und läßt eher keine neuen Buchstaben folgen, als bis diese ersten ziemlich leserlich geschrieben werden. Um das beständige Vorschreiben zu vermeiden *), was so viele Zeit unnöthiger Weise weg-

*) Es ist überhaupt besser, g u t e Vorschriften zu diesem Behuf anzuschaffen, deren wir bereits einige treffliche haben. Die, welche mir unter allen bisher bekannt gewordenen am elegantesten und zweckmäßigsten vorkommen, und die ich wol in
allen

wegnimmt, habe ich mir drey oder vier Schachteln voll kleiner Zettel verfertiget, auf deren jedem eine Sylbe oder Wort vorgeschrieben war. In der Schachtel N. 1. waren blos Sylben und Worte, aus den vorhin genannten, leichtesten Buchstaben zusammengesetzt; diese diente also den ersten Anfängern einige Wochen lang zur Uebung. In der Schachtel N. 2. befanden sich Wörter, wozu schon die langen Buchstaben b, f, h, l, t, k, ck, p, s, st, ß, z, nebst den vorigen mitgenommen waren. Diese konnte schon eine ungleich größere Menge von Zetteln enthalten, und auch so viel länger gebraucht werden. Zu N. 3. kamen nun die schwerern knotigen Buchstaben noch hinzu, als b, d, g, q, r, v, w, y. Und N. 4. enthielt lauter Nennwörter mit großen Anfangsbuchstaben. Nicht nur erspart diese Art, nach Zetteln schreiben zu lassen, so viel Zeit, die sonst zum Vorschreiben vergeht, sondern sie ist auch den Kindern angenehmer, wie denn die Vorschriften so auch weit schöner ge-

allen Schulen wünschte, sind die, immer nur aus wenigen Zeilen (die auf Pappe geklebt werden) bestehenden Vorschriften, unter dem Titel: der Schreibmeister, Anweisung, wie ein jeder selbst seine Kinder lehren kann, schön und deutlich zu schreiben, nach 194 in Kupfer gestochnen Vorschriften, von Carl Jäck, Berlin bey F. T. Lagarde, 1792.

A. d. H.

gemacht werden können. Man muß deren freilich
von Zeit zu Zeit neue anfertigen, weil sie sich ab-
nutzen und verlieren, auch ist starkes Noten- oder
Realpapier dazu am besten, damit sie sich nicht so
bald durchgreifen. Sind die Kinder etwas weiter,
so giebt man ihnen Zettel, worauf ganze Reime,
Sprüche, oder Absätze aus dem Junkerschen
Handbuch stehen, zum Abschreiben.

Es ist aber auch schon frühe mit dem Schreiben aus dem Kopfe, oder mit eignen Aufsätzen der
Anfang zu machen, und hiermit, und mit dem
Schreiben nach Vorschrift, welches zwischendurch
noch lange fortgesetzt werden kann, abzuwechseln.
Weil jenes die meisten Schwierigkeiten hat, und
doch, wenn die Schreibekunst den Kindern wirklich
nutzbar werden soll, am nöthigsten ist; so muß mit
der Uebung darin, sobald als nur die Buchstaben
etwas zusammenhängend geschrieben werden, auf eine leichte Art, angefangen, und in der Folge beständig fortgefahren werden. Die wahre elemen-
tarische Methode, die vom Leichtern zum Schwerern
fortschreitet, scheint hier nun folgende zu seyn. Man
sagt einzelne leichte Wörter vor; läßt jedes Wort
von einem Kinde laut vorbuchstabieren, dann von
allen Anfängern aufschreiben, und siehet nun, ehe
man ein neues Wort vorsagt, bey jedem nach, ob
es ist recht geschrieben worden. Hat jemand dem
noch unrecht geschrieben, so muß er es noch einmal
laut buchstabieren, und darnach selbst ändern. Dies

ist

ist überhaupt eine allgemeine Regel bey den orthographischen und Stylübungen, daß man den Schreibeschüler seine gemachten Fehler selbst verbessern lasse; weil, wenn es der Lehrer thut, wenig darauf geachtet, oder doch der gemachte Fehler so deutlich nicht eingesehen, und folglich auf die Zukunft nicht vermieden wird. — Ist diese Uebung mit einzelnen, laut vorbuchstabirten Wörtern, eine Zeitlang fortgesetzt worden, so kann man die Kinder schon zuweilen sich selbst überlassen, und ihnen aufgeben, einzelne Wörter für sich, ohne sie laut zu buchstabiren, aufzuzeichnen; z. B. alle Dinge, die sie in der Schule sehen; ein andermal alles, was sich in einem Garten, im Felde, in der Kirche, in ihren Häusern befindet u. s. w. Findet sich nun, daß sie einzelne Wörter schon ziemlich richtig buchstabirt aufschreiben, so macht man sie mit den beiden vornehmsten Unterscheidungszeichen, Punktum und Komma, und deren Bestimmung, bekannt; und sucht ihnen begreiflich zu machen, wo ein großer Anfangsbuchstabe hingehöre, nämlich zu Anfang einer Periode, und vor jedes Nennwort. Das Abschreiben kleiner Sprüche und Sätze von den größern Zetteln, dienet hierin zur erstern Uebung; allein nun ist auch damit anzufangen, daß sie auswendig gelernte Sprüche, Verse und Gebetchen, ohne Vorschrift aufzeichnen, und auf vorgeschriebene Fragen schriftlich Antwort geben. Den Stoff zu diesen Fragen kann man jedesmal aus dem ge-

gebnen

gebhten Unterricht nehmen, oder aus der ihnen bekannten Natur und Welt. Man verfertigt auch hiervon eine Menge kleiner Zettel, auf deren jedem drey bis vier Fragen stehen; man giebt beim Schluß der Schule jedem Kinde einen solchen Fragezettel zum Nachsinnen mit nach Haus; am folgenden Morgen fragt man ihnen, so wie sie ankommen, die Antwort ab, berichtiget dieselbe, und so giebt man denn in der Schreibestunde ihnen auf, die Beantwortungen niederzuschreiben. Wo der von Rochowsche Kinderfreund gebraucht wird, da können die vorher gelesenen Geschichten nachher aus dem Gedächtniß aufgeschrieben werden.

Jetzt noch einige b e s o n d r e Regeln in Absicht auf Schön- und Rechtschreiben. Was das erste betrift, so ist es in den gemeinen Volksschulen nicht sowol darum zu thun, daß die Kinder schön, als nur daß sie deutlich und leserlich schreiben. Man sehe also nur dahin, daß sie den Charakter, oder das Unterscheidende eines jeden Buchstaben fassen und ausdrücken; daher es wohl gethan ist, wenn man täglich einen Buchstaben an die Tafel malet, die regelmäßige Lage und das Merkmal, wodurch er sich von andern ähnlichen unterscheidet, bemerken läßt, und zeiget, worauf es hauptsächlich ankomme, wenn er deutlich und schnell zu erkennen seyn soll. Nach diesem Unterricht lasse man solchen Buchstaben dann einigemal von jedem Kinde mit möglichster Vollkommenheit nachmachen. Ausserdem ist besonders

das

das Gerädeschreiben wichtig. Dazu bedarf es bey
den allererſten Anfängern einige Tage lang Blei-
ſtiftslinien; dann nur eine Reihe von Bleiſtifts-
punkten, die Anfangs in der Entfernung eines Fin-
gerbreits von einander ſtehen, von Zeit zu Zeit aber
weitläuftiger werden, ſo daß zuletzt nur in der Mit-
te und am Ende, oder weiterhin blos am Ende der
Linie ein Punkt ſteht, den ſich der Schreiber zum
Ziel nehmen muß. Man verwende indes in dieſer
Art Schulen nie zu viel Zeit auf blos kalligraphiſche
Uebungen; hingegen merke man auch bey Durch-
ſicht der freien Aufſätze auf unleſerliche Buchſtaben,
und verbeſſere da ebenfalls die antikalligraphiſchen
Fehler, ſo weit ſie weſentlich ſind.

Zur Uebung im Rechtſchreiben, (Orthographie) dienet zwar das Diktiren und Abſchreiben;
allein da es doch immer beſſer iſt, mehrere Zwecke
mit einander zu verbinden, ſo nütze ich mehr das
freie Aufſetzen eigner Gedanken dazu, und bediene
mich jenes Mittels vornehmlich nur dann, wann die
Form gewiſſer Arten von Aufſätzen, z. B. Rechnungen, Quittungen, Briefe, gezeiget werden ſoll. So
nöthig es nun auch iſt, den Kindern die vornehm-
ſten Regeln der Rechtſchreibung einzuprägen, ſo un-
nütz wäre es, ſie mit Vorſchriften zu überhäufen;
da hier ebenfalls nur der Zweck zu erreichen iſt, daß
ſie leſerlich, nicht aber eben, daß ſie mit der Genau-
igkeit eines Gelehrten ſchreiben. Alles kömmt hier
darauf an, 1) daß ſie richtig buchſtabiren; 2) daß
ſie

sie den Gebrauch der Unterscheidungszeichen wissen; wo man indes zufrieden seyn kann, wenn sie Punktum, Komma und Fragezeichen kennen, und gehörig zu gebrauchen wissen; daß sie nämlich ein Punktum da setzen, wo der Sinn zu Ende ist, oder wo ich in der Rede aufhören kann, und doch verstanden werde; ein Komma aber, um mehrere Sätze und Vorstellungen abzusondern, die in der Rede zusammen hängen; ein Fragezeichen endlich, zu Ende eines fragenden Satzes. Mit vielem Nutzen kann hier die oft vorgeschlagene Uebung angewendet werden, daß man einige an die Tafel geschriebene fehlerhafte Sätze von den Kindern selbst verbessern läßt. Es ist 3) nöthig, daß sie gewöhnt werden, die großen Anfangsbuchstaben an ihren gehörigen Ort zu setzen, nämlich zu Anfang eines jeden Perioden, wo ein Punkt vorher den Sinn der Rede geschlossen hat, und zu Anfang jedes Nennworts, d. i. eines solchen Worts, was den Namen eines Dinges oder einer Sache bezeichnet. Dagegen die Zeitwörter, die das Geschehen einer Veränderung andeuten, und die kleinen Partic켮ulen oder Zwischenwörter, der Regel nach, kleine Buchstaben erhalten.

Die Schreibebücher und dazu gehörigen Federn, muß jedes Kind in der Schule zurücklassen, damit der Lehrer in der Zwischenzeit solche nachsehen, die Federn schneiden, und in den Büchern die nöthigen Linien oder Punkte hinzeichnen könne, damit in den Lehrstunden selbst seine Aufmerksamkeit

blos

blos dahin gehe, die Schreibenden in Thätigkeit zu erhalten; alsdenn wird es auch möglich seyn, diesen Unterricht täglich mit einer guten halben Stunde abzuthun. Da der Mangel an Papier, Federn und Dinte in den gemeinen Volksschulen oft Versäumniß dieses Unterrichts bey einzelnen Kindern verursacht; so muß der Lehrer davon beständig Vorrath haben, um dergleichen denen, welchen es daran fehlt, verkäuflich zu überlassen; indes da manche aus Armuth oder Nachläßigkeit mit der Bezahlung zurückbleiben würden, so sollten die Kirchen oder Armenkassen jeden Orts, diesen Ausfall decken, was denn mit wenigen Gröschen geschehen könnte. Es wird sonst aus dieser Ursach in den meisten Schulen viel Wichtiges versäumt, was durch einen unbedeutenden Zuschuß, wenn er wohl angewendet wird, verhütet werden könnte.

Da, wo den Sommer hindurch wenig oder gar nicht Schule gehalten wird, kann ein Lehrer sich um seine Schüler sehr verdient machen, wenn er sich so lange in eine kleine Korrespondenz mit ihnen einläßt, und sie dadurch in einiger Uebung erhält. Es ist den Kindern eine ausserordentliche Freude, einen Brief von ihrem Lehrer zu erhalten, und sie werden ihre müßigen Augenblicke, wäre es auch nur des Sonntags, gewiß benutzen, um ihm Briefe zu schreiben, wenn sie einmal wissen, daß er sich die Mühe nicht verdriesen läßt, zu antworten. Da ist denn nicht blos Uebung im Schreiben, son-

dern auch Gelegenheit, sie in Aufmerksamkeit auf
nützliche Gegenstände zu erhalten, und ihnen manche gute Lehre zu geben, und auf Seiten des Lehrers der Vortheil, daß er seine Schüler besser kennen lernt, indem sie in ihren ungekünstelten Brie-
fen ihre Gemüthsart oft am deutlichsten an den
Tag legen. Mir hat eine solche kleine Sommer-
korrespondenz immer viel Vergnügen und Nutzen
gewährt Man muß die Kinder darin nur zu einer vertraulichen Sprache zu bringen wissen.

G. C. F. G.

IV.

Etwas über Rechnen, und eine Methode zur Erleichterung des Lernens des Ein- mal Eins.

Die Rechenkunst ist eine der allgemeinnützlich-
sten und unentbehrlichsten Kenntnisse Der kleinste
Saamenkrämer bedarf ihrer verhältnißmäßig eben
so sehr, als der größte Banquier; der Arme, wie
der Reiche, der Land- und Handwerksmann eben
so wie der Gelehrte. Täglich, ja stündlich hat man
im gemeinen Leben Gelegenheit, ja, noch mehr, die
Nothwendigkeit bringt einen sogar dazu, beständig
Gebrauch und Anwendung von ihr zu machen. So

manche

manche wohl eingerichtete Hauswirthschaft, so manche angesehene Familie hat ihren blühenden Wohlstand größtentheils einer guten Rechenkunst zu verdanken. [Sie schützt vor so mancher Verlegenheit; verhütet so manche Unordnung und Sorgen; da im Gegentheil so manche Haushaltung, so manche Familie, ja mancher Staat, in die größte Unordnung und in Verfall geräth, wenn Einnahme und Ausgabe nicht richtig mit einander berechnet, Bedürfnisse und Wünsche darnach beschränkt werden. Ueberdies hat das Rechnen an und für sich schon den größten Nutzen; durch dasselbe wird die edelste Kraft des Menschen, die Denkkraft, geübet, und das Nachdenken, sowol zarter Kinder, als auch erwachsener Menschen, geschärft. Es ist die beste Logik.] Billig wird daher auch in unsern verbesserten Schulanstalten vorzüglich mit Rücksicht darauf genommen, daß das Rechnen da, wo es leider noch gar nicht Mode war, eingeführt, und in solchen Schulen, wo man wöchentlich etwa nur eine, oder höchstens zwey Stunden dazu bestimmt hatte, mehrere Stunden darauf verwendet werden. Was werden aber so manche Lehrer und Schüler bey dieser Neuerung angegeben haben, oder, wo es erst geschehen sollte, noch angeben? Werden nicht beide sagen: Sind wir nicht mit einer oder zwey Rechenstunden schon geplagt genug? Ja wahrhaftig! sieht man so Manchem zu, der Unterricht im Rechnen ertheilet, so weiß man nicht, welchen man mehr be-

bedauern soll, ob den Lehrer, seines vielen Verdrusses wegen, den ihm solche Lehrstunden verursachen, oder seiner Geduld wegen, die auf das höchste dabey gespannet wird, oder seine armen Rechenschüler, die, auf eine, oft so unvernünftige, ihren Neigungen und Fähigkeiten so wenig entsprechende Art; mit Rechnen gefoltert werden? Daß die Hauptschuld hierbey oft auf den Lehrer zurückfällt, weil so Mancher noch hierin fehlt, daß er seinen Unterricht im Rechnen so wenig praktisch macht, und seine Schüler mit Exempeln plagt, die sie, noch weniger als ihn selbst, interessiren können; daß so Manche den Fleis ihrer Schüler überspannen, und ihnen so weitschweifige Berechnungen vorgeben, bey welchen ein schon mehr Erwachsener die Geduld verlieren würde; dies will ich jetzt ganz, als schon allgemein anerkannte, und schon oft gerügte Fehler, übergehen. Ja, ich würde sie nicht einmal in Erwägung gezogen haben, wenn es nicht noch so nöthig wäre, so manchen Rechenmeister nochmals recht aufmerksam darauf zu machen. Vorzüglich glaube ich aber bemerkt zu haben, daß der Hauptgrund der Schwierigkeit bey dem Rechnenlernen von Seiten der Schüler, und des Verdrusses von Seiten des Lehrers, auf dem sogenannten Einmal Eins beruhe; welches viele Kinder entweder gar nicht lernen können, oder, wenn sie es mit saurer Mühe gelernt haben, nächster Tage wieder vergessen; und sind sie bey diesem Einmal Eins ihrer Sache nicht recht gewiß, müs-

sen

ſen ſie bey jeder zu vervielfältigenden Zahl ängſtlich nachdenken und das Einmal Eins durchbeten, ſo können ſie jedes mittelmäßig ſchwere Exempel nur mit der größten Schwierigkeit berechnen, am Ende kommt das Facit nicht einmal richtig heraus; ſie bekommen wol noch einen derben Verweis dazu; — — was Wunder, wenn ſie ſonach alle Geduld und Luſt zum Rechnen verlieren? Wenn zumal der methodiſche Lehrer durch phiſiſche Zwangs- und Strafmittel das erzwingen zu können glaubt, was er durch vernünftigen Rath und liebreiche, deutliche Zurechtweiſung nicht zu bewirken wußte, und das Wie? auch nicht verſtand. Ich hoffe daher, vielleicht einem und dem andern Lehrer und Schüler einen kleinen Dienſt dadurch zu erweiſen, wenn ich ihnen zur leichtern Erlernung des Einmal Eins eine Methode vorſchlage, die nichts weniger als neu, oder meine eigene Erfindung iſt; ſondern die ich vor mehrern Jahren in den mathematiſchen Schriften eines Wiedeburgs geleſen habe, und die gewiß ſchon manchem Lehrer der Rechenkunſt bekannt ſeyn, und von der vielleicht auch hier und da bereits zum Vortheil der Lehrenden und Schüler, davon Gebrauch gemacht wird.

Dieſer Handgriff (denn ſo kann man ihn mit Recht nennen) beſteht darin, daß man die Zahl, welche man vervielfältigen will, an den Fingern der einen Hand, und die andere Zahl, mit welcher man jene erſtere vervielfältigen will, an den Fingern der andern Hand abzählet. Und zwar auf diese Art, daß man 1) die Finger jeder Hand in eine geballte Faust zusammen leget, und dann so viele von den Fingern der einen Hand in die Höhe richtet, als die zu vervielfältigende Zahl über 5 beträgt, dann aber auch so viel von den Fingern der andern Hand in die Höhe richtet, als die Zahl, mit welcher vervielfältiget werden soll, über 5 beträgt. Doch wohl zu merken! keine von beiden Zahlen, weder die, welche man vervielfältiget, noch die, mit welcher vervielfältiget werden soll, darf unter 5 seyn. Hierauf 2) zählt man die in die Höhe gerichteten Finger beider Hände zusammen, und zählt jeden als einen Zehner, so, daß zwey in die Höhe gerichtete Finger, zwanzig; drey Finger, dreißig; viere, vierzig, u. s. w. gelten. Dann 3) vervielfältiget man die noch liegenden Finger der einen Hand, mit den noch liegenden Fingern der andern, und rechnet die durch diese Vervielfältigung herausgebrachte Zahl, zu der zuvor herausgebrachten Summe; so findet man das Gesuchte. Wollte man z. B. an den Fingern abzählen wieviel 7 mal 8 sey, so müste man an der einen Hand 2, (weil die Zahl 7, 2 über 5 ist) und an der andern Hand 3 Finger (weil die Zahl 8, 3 über 5 ist) in die Höhe richten; jeder von diesen in die Höhe gerichteten Fingern, würde als ein Zehner gezählt; beträgt also zusammen 50. Die noch liegenden Finger der einen Hand (also 2) würden darauf mit den

noch

noch liegenden Fingern der andern Hand (also mit 3) vervielfältiget; dies machte 6; dieses wird nun mit der ersten Summe (also mit 50) zusammengezählt, so weiß man nun, 7 mal 8 ist 56. Eben so mit jeder andern Zahl die über 5 ist.

So zusammengesetzt und weitläuftig diese Methode auch zu seyn scheint, so geschwind und glücklich wird sie nach einer kurzen Uebung, selbst den kleinsten Kindern, geläufig. Ich habe selbst zu meinem Vergnügen, Kinder von 6 und 7 Jahren, die noch dazu von verschiedenen Fähigkeiten waren, auf diese Art das ganze Einmal Eins in 5 bis 6 Stunden gelehrt, die mir und ihnen gleich Augenblicken verflossen. Bald brachten sie es in dieser Uebung zu einer fast unglaublichen Fertigkeit; sie machten das Erheben der Finger nach und nach immer unmerklicher; sahen dann bald gar nicht einmal mehr darauf, und konnten es, ehe sie es selbst glaubten, auch ohne Beyhülfe der Finger. Das Einmal Eins von 1 bis 5 mal 5, lehrt man sie am besten durch das Zusammenzählen sichtbarer Gegenstände; indem man Kartenblättchen, Bohnen, oder dergleichen, zu zwey und zwey, zu drey und drey u. s. w. zusammen legt, und diese dann von ihnen zusammen zählen läßt. Auch dieser Vorschlag ist schon bekannt genug, *) aber von wie vielen wird er befolgt? Me-

---

*) Nur Schade, daß er wol beim Privatunterrichte weniger aber in zahlreichen Klassen anwendbar scheint. **d. H.**

thoben von der Art sind den Fähigkeiten der zärtesten Kinder angemessen; machen ihnen das, was sie lernen sollen, angenehm und zur Lust, und doch ist es nicht leere Spielerey, sondern man steigt erst zu dem Kinde in seine sinnliche Sphäre hinab, und hebt es von da stufenweise mit sich hinauf bis zu höhern Regionen des Abstrakten.

Erfurt. Möller d. j.

V.
Etwas über ein sinnliches Erziehungsmittel in einer Landschule.

Im dritten Bändchen dieses deutschen Schulfreundes wird bey der Erzählung der Feierlichkeiten der Athenstädtschen Schuleinweihung unter andern auch (Seite 102) der Umstand bemerkt: daß eine meiner Töchter, indem sie die daselbst abgedruckte Rede dem Herrn Domcapitular von Rochow, als erstem und verdienstvollestem Verbesserer der Landschulen zu Ehren hielt, über den Lehrstuhl einen Kranz von künstlich gemachtem Eichenlaube und Blumen aufgehangen, und dem immerwährenden Andenken dieses hochwürdigen Mannes gewidmet habe. Dieser Umstand könnte leicht als eine spielende Empfindeley angesehen, oder wol gar als eine beabsichtigte

tigte Schmeicheley des über alle solche kleinliche Ehrenbezeigungen so sehr erhabenen Mannes, ausgelegt, oder wenigstens doch für eine leere und bedeutungslose Decoration des kleinen Schulfestes gehalten werden. – Ich bin nie für die noch immer hie und da herrschende Modeempfindeleien, und Spielereien mit Blumen und Kränzen gewesen, und am allerwenigsten möcht' ich mich derselben bey Landschulen bedienen. Denn unsre Landleute sind wahrlich keine empfindsame Arcadische Schäfer, die am Kränzewinden Geschmack fänden, sobald es nur auf eine leere und bedeutungslose Spielerey hinausliefe. Kränze sind zwar auch bey ihnen im Gebrauch; aber (Dank sey es ihrem in dem Stücke noch unverdorbenem Geschmacke) sie spielen nicht damit, wie ihre Kinder, sondern gebrauchen sie mit Bedeutung und Nutzen. Noch viel weniger möcht' ich nur irgend das Ansehn haben, als wenn ich dem Herrn von Rochow, so sehr er auch bey jeder ländlichen Schulfeierlichkeit Kränze und Ehrengedächtnisse verdient, und so natürlich auch jedes Fest dieser Art dazu auffordert, blos ein Ehrengedächtniß damit hätte stiften wollen, das er sich durch nützliche Arbeiten für Landschulen besser zu stiften weiß, und längstens schon gestiftet hat. Denn ich kenne zu sehr die Denkungsart dieses wahrhaftig edlen Mannes, als daß ich nur irgend hoffen könnte, daß ihm ein solches Ehrengedächtniß, blos als Ehrenbezeigung, gefallen könne; aber ich kenne ihn auch zu gut, als daß ich nicht hoffen könnte, daß ihm eine solche natürliche Aeußerung der dankbarsten Verehrung und Liebe auch nicht mißfallen werde, ja in seinem Geiste, der so gerne in allem nützt, geschehen sey; sobald ich zeige, daß meine Hauptabsicht dabey war, meiner Schule damit zu nützen. Diesen Zweck hatte jedes einzelne Stück, woraus das Ganze unserer Schulfeierlichkeit zusammengesetzt war, jede Rede, jedes Lied, jede Handlung. Ich wollte damit bey den Kindern, und auch ihrem Lehrer, bey ihren Aeltern, und auch jedem gegenwärtigen Mitgliede meiner Gemeinde, solche Sensation erwecken, die irgend zum Besten der Schule Nutzen schaffe. Und das Nützen war denn auch meine Hauptabsicht bey dem Schulkranze. Er sollte keine leere Decoration nur blos auf den festlichen Tag, und für die Einweihungsfeierlichkeit, sondern ein künftiges immerfortdauerndes pädagogisches Mittel für die Schule werden.

Um nun allen obigen Mißdeutungen zuvor zu kommen und mich dagegen zu sichern, finde ichs für nöthig, mich hier über den Nutzen und pädagogischen Gebrauch, welchen ich bey unserm Schulkranze beabsichtiget habe, etwas näher und umständlicher zu erklären. Vielleicht ist auch diese Erklärung selbst, als Inserat dieses Schuljournals, hier und da bey irgend einem Leser nicht ohne Nutzen, und sollte sie auch nur Gelegenheit geben, über diesen Versuch bey der Schulerziehung angenehmere

nehmere sinnliche Mittel, als Ruthe und Stock sind, zu Hülfe zu nehmen, weiter und reifer nachzudenken.

Ich habe bey unserm Schulkranze einen gedoppelten pädagogischen Gebrauch und Nutzen zur Absicht. Der erste ist: die Hochachtung und Liebe meiner Schulkinder gegen den verehrungswürdigen, und von ihnen schon herzlich geliebten Verfasser des Kinderfreundes dadurch noch zu verstärken, und wenigstens ihnen einen sinnlichen Gegenstand zur Unterhaltung derselben vor Augen zu hängen, um dadurch seinen Lehren desto mehr Eingang in die Herzen der Kinder zu verschaffen. Deswegen widmete ich den Kranz dem Andenken des Herrn von Rochow, und habe ihn, so gut ich konnte, auch dazu eingerichtet, daß er dieses nützliche Andenken bey den Kindern leicht erregen und unterhalten kann. Denn das Innere des Kranzes füllt ein mit weissem Taffend überspanntes Medaillon, auf dessen einer Seite mit großer Fracturschrift die Inschrift steht:

Dem
edlen Kinderfreunde,
ersten und verdienstvollesten Verbesserer
der Landschulen,
Friedrich Eberhard von Rochow
aus dankbarer Verehrung und Liebe
gewidmet.

Auf

Auf der Gegenseite ist ein Landmädchen gezeichnet, das in der linken Hand ländliche Attribute, eine Garbe und Harke (Rechen) hält, und mit der Rechten die Büste des Herrn von Rochows, die auf einem Opferaltare steht, an dessen Fuß sich das Rochowsche Wappen lehnet, mit einem Kranze zu bekränzen im Begriffe ist.

Statt dieses Kranzes hätt' ich freilich lieber ein gutgetroffenes Gemälde des Herrn von Rochows gehabt, und über dem Lehrstuhle meinen Schulkindern damit auf beständig ein eben so nützliches als angenehmes Point de Vüe gegeben. Meine Absicht wäre dadurch auch noch weit vollkommner erreicht, wenn die Kinder in diesem Gemälde ihren edlen Freund auch von Angesichte kennen gelernet und aus jedem Zuge desselben das Gute hätten lesen können, das sie aus seinen Schriften lesen. Stärker hätte sich alsdann sein Bild ihrer Einbildungskraft, und mit ihm auch jede seiner Lehren ihrem Herzen eingeprägt. Alsdann hätt' ich auch die Feierlichkeit dabey anders eingerichtet, und noch eindrücklicher machen können. Aber ein solches wohl getroffenes Gemälde zu bekommen, dazu fehlten mir Mittel und Gelegenheit. Ich mußte es also bey dem Kranze bewenden lassen, und es damit so gut machen, als ich konnte.

Das ist doch wol ausgemacht wahr, und lehrt die Erfahrung, daß aller moralische Unterricht um desto mehr Eingang bey uns findet, je mehr wir

ben,

ben, von dem er kommt, hochschätzen und lieben. Der Beifall, die Achtung und Neigung, die wir einmal dem Lehrer geschenket haben, zwingt uns auch unmerklich gleichen Beifall, Achtung und Neigung für seine Lehren ab. Warum wäre es sonst so nöthig, daß Lehrer, Aeltern und alle, die an der Erziehung der Kinder arbeiten, sich ihre Hochachtung und Liebe erwerben müssen, wenn ihre guten Lehren Eingang bey ihnen finden sollen? Achtung und Liebe gegen Abwesende, die man auch persönlich nicht kennt, läßt sich nur durch Erzählung des Guten, Nützlichen und Rühmlichen, das sie gethan und an sich haben, erwecken. Aber das Andenken an dieses Gute, Nützliche und Rühmliche, das uns unsere Verehrung und Liebe abgewinnt, zu unterhalten, und dadurch auch unsere Achtung und Liebe gegen sie und ihre Lehren zu nähren, fortdauernd zu machen und durch Fortdauer noch immer zu verstärken: dazu können auch zugleich sinnliche Darstellungen von ihnen sehr behülflich seyn. Denn wir sind und bleiben doch sinnliche Geschöpfe, durch deren Sinne der Weg zum Herzen geht, und kleben auch in der That bey moralischem Unterrichte mehr an der Person und Autorität des Lehrers, als wirs oft selber glauben; zumal Kinder, die sich noch nicht einmal so weit, als wir Erwachsene, vom Sinnlichen losgewickelt, und zum Abstrahiren gewöhnet haben. Ein Gemälde, oder auch jede andere sinnliche und erin-

nern-

nernde Darstellung eines verehrten und geliebten Lehrers kann also bey Kindern unter dem Vortrage seiner Lehren gewiß von großem Nutzen seyn, und ihnen desto mehr Eingang verschaffen. Um wie viel mehr Gewicht erhält auch jede gute Lehre eines Mannes, wenn der Lehrer, der sie aus dessen Schriften vorträgt, durch eine ehrenvolle Aufstellung des Bildes desselben, seine eigne Achtung gegen ihn beweiset; und nun auch auf das Gemälde, oder anderes Ehrengedächtniß hinzeigen, und sagen kann: Sehet da den großen und guten Mann, der euch und auch mich das gelehret hat. Hängte man doch nach der Reformation Luthers Bild in allen Kirchen auf, und setzte es (wenn nur die Holzschnitte etwas besser gerathen wären!) allen Schulbüchern vor. Beabsichtigte und erhielt man damals schon dadurch Nutzen, und desto mehr Eingang für Luthers Lehren, und ich sollte nicht den nämlichen Versuch mit Rochows, dieses Reformators unserer Landschulen, sinnlicher Darstellung in meiner Landschule machen, und ähnlichen Nutzen für meine Schulkinder davon erwarten?

Der andere pädagogische Gebrauch und Nutzen, den ich bey unserm Schulkranze zur Absicht habe, ist, das Andenken guter Schulkinder dadurch öffentlich in der Schule aufzubewahren, zu ehren und zu heiligen, und dadurch sowol unter den Schulkindern, als auch nachmaligen erwachsenen Jünglingen und Jungfrauen meiner Gemeinde eine gute

Ehr-

Ehrliebe und Nacheiferung im Guten zu bewirken und zu nähren. Ich gebe derwegen, wie die Kranz rede am Ende besagt, einem jeden guten Schulkinde, wenn es bey der Konfirmation aus der Schule entlassen wird, zur Belohnung seines bewiesenen Schulfleißes, seiner Geschicklichkeit und guten Aufführung die Erlaubniß, eine neue Blume, auf deren Blätter eines sein Name geschrieben wird, in den Schulkranz zu schenken; und so ein ehrenvolles Andenken in der Schule zurückzulassen. Dabey aber hab' ich mir vorbehalten, und erkläret, daß, wenn ein solches Kind sich künftig als Jüngling oder Jungfrau schlecht aufführen und so sein Andenken selber verunehren sollte, seine Blume aus dem Kranze zur exemplarischen Warnung anderer wieder weggeworfen werden solle. Stirbt ein gutes Schulkind, ein guter Jüngling oder eine tugendhafte Jungfrau; so wird eine Blume aus dem Schulkranze zu ihrem ehrenvollen Gedächtniß auch nach ihrem Tode in ihre Todtenkrone, welche auf dem Lande öffentlich in der Kirche aufgestellt zu werden pflegt, geflochten. Leben und verheirathen sie sich aber, so ziert ihre Schulblume ihren Hochzeittkranz.

Dieses Mittel, eine gute Ehrliebe zu erwecken und zu unterhalten, und Sittlichkeit unter jungen Leuten zu befördern, ist nicht neu; sondern hier nur auf die Schule angewendet. Es ist ein schon uralter Gebrauch, die Bräute, wenn sie die

Ehre

Ehre der Jungfrauschaft noch nicht verschertzet haben und auf dem Lande auch die Junggesellen bey ihrer Trauung, zu bekränzen. Jene tragen, wenn sie zum Traualtare gehen, ihren Kranz auf dem Haupte, und diese am Arm; und die Erfahrung lehret, daß auch selbst solche junge Leute, die kein sonderlich starkes inneres Gefühl von Sittlichkeit haben, doch die Furcht, jene öffentliche Ehre bey ihrer künftigen Trauung zu verlieren, und sich durch eine Trauung ohne Kranz öffentlich beschimpft zu sehen, noch mehr von Ausschweifungen zurückhält, als Gewissenhaftigkeit und Predigten. Warum sollte man diesen guten Gebrauch nicht noch weiter bis auf die Schule ausbreiten, wo doch die erste Grundlage zur Sittlichkeit der jungen Leute gelegt wird, und ihm dadurch noch mehr Bedeutung, Feierlichkeit und Kraft geben?

Man kann mir hier wol nicht einwenden: daß es nur blos ein sinnliches Erziehungsmittel sey, das doch keine innere und wahre Sittlichkeit bewirken könne. Ruthe und Stock sind doch wahrlich auch nur, und zwar im höchsten Grade, sinnliche Erziehungsmittel, und man muß sie doch in Schulen bisweilen zu Hülfe nehmen. Könnte man sie aber durch solche angenehmere sinnliche Mittel, als Blumenkränze sind, immer mehr aus der Schule verdrängen; so, dächt' ich, wäre doch der Vorschlag so übel nicht. Ein Schulunterricht und eine Schuldisciplin ohne alle sinnliche Mittel, möchte wol

in

in unserer sinnlichen Welt ein unausführbar Project, und die Methode durch die Sinne auf eine anständige, zweckmäßige und nicht übertriebene Weise auf die Seele des Volks zu wirken, hienieden unentbehrlich bleiben. Es versteht sich von selber, daß jedes sinnliche Erziehungsmittel durch vernünftige und religiöse Bewegungsgründe unterstützt werde. Wer Gefühl davon hat, bedarf jener sinnlichen Erziehungsmittel nicht; aber sie hindern ihn auch nicht in seiner Sittlichkeit; sondern verstärken sie noch viel mehr, weil auch der beste Mensch seine Sinnlichkeit nicht ganz ausziehen kann, und es auch nicht einmal gut wäre, wenn er sie mitten in einer sinnlichen Welt ganz auszöge. Wer aber wenig oder gar kein Gefühl für blos geistige Motive hat, den können doch solche sinnliche Mittel noch von mancher Ausschweifung zurück halten, wenn sie ihm auch die innere und wahre Tugend nicht geben können. Und dabey wäre ja doch offenbar noch immer gewonnen.

Man kann mir endlich auch nicht die Einwendung machen, daß der Gebrauch meines pädagogischen Mittels auf dem Lande bey der Einführung Widersetzlichkeit, oder doch wenigstens Schwierigkeit, finden werde. Wäre es etwas ganz neues, so gab ichs eher zu. Denn ich keune selber die Schwierigkeit auf dem Lande etwas ganz neues und auffallendes von der Art einzuführen. Aber dieses hat ja so viel ähnliches mit andern auf dem

Lande schon gewöhnlichen Gebräuchen (z. B. mit den schon erwähnten Brautkränzen), daß es uns möglich so sehr auffallen kann; sondern sich vielmehr an jenen alten und schon ehrwürdig gewordnen Gebrauch nur blos anschließt. Und der Erfolg hat mich auch bey der Einführung desselben gelehret, daß er deswegen dem Geschmacke der Landleute noch am angemessensten ist, und noch am ersten ihren Beifall erhält. Denn ich hatte zur Einführung desselben weiter nichts gethan, als daß ich in der Kranzrede meiner Tochter meine Idee davon angegeben, und nur so blos hingeworfen hatte, erwähnte hernach auch weiter nichts davon, und erwartete im Stillen, ob man meinen Vorschlag billigen und annehmen würde. Demungeachtet kamen, als die Zeit der Konfirmation heranrückte, die Schulkinder, welche vor dasmal aus der Schule entlassen werden sollten, ganz von selber, und fragten an: wer von ihnen die Erlaubniß, eine Blume in den Schulkranz zu schenken, haben sollte? Ich konnte mit Vergnügen sie ihnen allen geben. Sie brachten ihre Blumen, und ich machte folgenden Gebrauch davon.

Am Tage vor der Konfirmation, da die Herzen der Kinder in der empfindsamsten und besten Stimmung waren, gab ich in der Kirche, nach geendigter Beicht- oder Vorbereitungsandacht, einem jedem Kinde seine Blume, auf welche ich nun seinen Namen geschrieben hatte, wieder in die Hand,

und

und gieng so mit ihnen in feierlicher Stille in die Schule. Hier wurde von den Blumen ein Strauß gebunden, und in den Schulkranz geflochten. Dabey hielt ich in Gegenwart ihres Schullehrers, folgende kleine Rede:

Ihr, liebe Kinder! wollet jetzt, da ihr aus der Schule entlassen werdet, aus Liebe für diese Stätte, wo ihr so viel Gutes bisher gelernet habt, und zu eurem Andenken von neuem einige Blumen in unsern Schulkranz winden. Ich freue mich, daß ihr dadurch meinen Wunsch erfüllet, welchen euch bey Einweihung dieser neuen Schule meine Tochter in ihrer Rede äußerte. Wollet ihr aber diesen meinen Wunsch und seine Absichten ganz erfüllen; so denket und fühlet auch dabey, was ihr, meiner Absicht nach, dabey denken und empfinden sollet.

Diese Blumen sollen euch ein angenehmes Bild aller der guten Lehren seyn, die ihr hier erhalten habt, und die, wenn ihr sie künftig befolget, euch das Leben so angenehm und froh machen werden, als wäre es ein beständiger Frühling, und gienge der Weg durch lauter blumenreiche Wiesen, blühende und duftende Thäler. Indem ihr nun aber zum Andenken jener guten Lehren diese Blumen in den Kranz windet; so vergesset denn auch jene guten Lehren selbst nie; sondern befolget sie in eurem ganzen Leben treu.

Diese Blumen sollen aber auch eure bisheri‐
gen Mitschüler, und alle die Schulkinder, welche
nach euch hieher kommen, an euch, als gewesene
gute Schulkinder erinnern. Nun, es ist uns, euren
Lehrern, eine herzliche Freude, daß wir euch jetzt,
bey eurer Entlassung aus der Schule, durch die Er‐
laubniß diese Blumen in unsern Schulkranz zu
winden, das Zeugniß geben können, daß ihr das
gewesen seyd. Bleibet nun aber auch in eurer
künftigen Aufführung solche gute Kinder, nehmet
noch immer mehr in allem Guten zu, und werdet
einmal recht gute und immer bessere Menschen;
damit euer Leben mit dem guten Andenken, wel‐
ches ihr hier in der Schule zurücklasset, in der That
und Wahrheit auch übereinstimme, und die Schul‐
kinder nach euch, wenn sie bey dem Anblick dieser
Blumen an euch denken, alsdann immer an gute
Kinder, tugendhafte Jünglinge und Jungfrauen
und gute Menschen erinnert werden, und ihr ihnen
alsdann in allem Guten zu einem reizenden und
nachahmungswürdigen Beispiele und Muster die‐
net. Eine jede schlechte Gesinnung, die ihr künf‐
tig äussern, eine jede Thorheit und sündliche Aus‐
schweifung, die ihr begehen würdet, würde ihnen
nun ein desto größeres Aergerniß geben, und hier
in der Schule euer Andenken beschimpfen und
schänden. Wehmüthig würden wir Lehrer uns
alsdann gezwungen sehen, die Blume eines solchen
sich selbst durch Laster beschimpfenden Jünglings,

oder

oder einer solchen sich selbst entehrenden Jungfrau aus diesem unserm Schulkranze wieder wegzunehmen, damit sie das heilige Andenken der übrigen hier gut gezogenen Kinder nicht entheiligen. Führet ihr euch aber, aller der guten Lehren, die ihr hier erhalten habt, eingedenk, gut und christlich auf; so soll einst einmal an eurem Ehrentage diese Blume, die ihr hier gleichsam als ein heiliges Unterpfand eurer guten Aufführung in der Schule niederlegt, ehrenvoll euren Kranz schmücken. Oder sollte wider unsern herzlichen Wunsch (denn wir wünschen euch langes, gutes und glückliches Leben) eines von euch ja, wie eine frühwelkende Blume, frühzeitig sterben; so soll diese eure Blume zum ehrenvollen Beweise, daß ihr gute Kinder und tugendhafte Jünglinge und Jungfrauen waret, in eurem Todtenkranze prangen, und so euer Andenken nach eurem Tode noch heiligen, verherrlichen und bey der künftigen Jugend dieses Ortes nach euch noch musterhaft und erbaulich machen; und wir, wir klagen und weinen dann bey eurem Grabe um euch, wie man eine abgeschlagene Blüthe betrauert, die eine angenehme und nützliche Frucht versprach.

Endlich sollen diese Blumen, womit ihr unsern Schulkranz schmücket, auch ein Beweis eurer Liebe für diese Schule und eurer Dankbarkeit für alles das Gute seyn, das ihr hier gelernt habt. Lasset diese Liebe und Dankbarkeit für diese heilige und

und für euch so wohlthätige Stätte nie erkalten. Freuet euch dieses Hauses, so oft ihr vorübergeht, und segnet es einst als Greise noch am Stabe. Denn hier habt ihr den besten Weg eurer irdischen Pilgerschaft gehen gelernt. Hier habt ihr auch gelernt einst euren Pilgerstab ruhig nieder, und euch sanft und froh zur Ruhe des Grabes zu legen. Vergesset es nie, daß ihr hier die erste Bildung eures Verstandes und Herzens, welche nur allein euer wahres Glück für dieses Leben, und euer Glück über die Grenzen des Grabes hinüber in alle Ewigkeit machen kann, erhalten habt.

Wollet ihr uns Lehrern, als Werkzeuge und Mittelspersonen dieser eurer Ausbildung, an dieser eurer Liebe und Dankbarkeit auch Theil nehmen lassen: so beweiset sie hauptsächlich dadurch, daß ihr auf diesen ersten Grund der Bildung eures Verstandes und Herzens künftig immer weiter fortbauet, und immer weisere und bessere Menschen zu werden suchet, und uns so die belohnende Freude machet, in euch der menschlichen Gesellschaft nützliche Mitglieder, der Nachwelt gute Menschen, und einst dem Himmel würdige Bewohner und Bürger erzogen zu haben. Liebt ihr uns: so macht uns, als unsre Zöglinge mit eurer künftigen guten Aufführung Ehre und Freude.

Da nun, meine Lieben! bey diesem Schulkranze meine Absicht auch diese ist, daß ihr, wenn irgend ein gutes Kind sterben würde, alsdann seine ne Leichenkrone mit einer Blume aus unserm Schulkranze, zum Beweise, daß es ein gutes Schulkind war, und sein Andenken euch noch in seinem Grabe heilig, lieb und werth sey, schmücken möchtet; so möcht' ich auch gerne, daß ihr heute zum erstenmale dieses rührende und liebesvolle Geschäffte verrichtetet. Ihr habt dazu die beste Veranlassung. Ihr wisset, der geschickte und gute Knabe, Andreas Haacke, den ihr im Leben alle recht herzlich lieb hattet, wurde euch verwichenen Herbst durch den Tod von der Seite genommen. Wir Lehrer liebten ihn eben so herzlich, als ihr, und er verdiente auch unsere Liebe in dem vollesten Maaße. Urtheilet nun selber, und sagt: ist der Todtenkranz des verstorbenen Andreas Haacke wol einer Blume aus diesem unserm Schulkranze, und der Verewigte des damit verbundenen ehrenvollen und heiligen Andenkens, werth?

(Alle Kinder weinten und antworteten schluchzend: ja!)

Nun so kommt denn, und laßt uns von hier in die Kirche gehen, und dort eine Blume in seinen Todtenkranz winden. Indem wir vor seinem Grabe übergehen, segnen wir Lehrer die Asche des vollendeten guten Kindes, und ihr — zollet seinem Andenken noch eine freundschaftliche Zähre. Indem ihr aber diese Blume in seine Todtenkrone, die eurer schon auf dem Altare erwartet, mit wallenden Herzen windet, so thut dabey auch das heilige Gelübde,

lübde, ihm in allem Guten nachzuahmen; damit auch euer Andenken einst einmal, so wie heute uns das seinige, im Segen sey, und, wenn ihr ihm etwa früh in die Ewigkeit nachfolgen solltet, andere auch euch mit eben der Werthschätzung und Liebe eine Blume in euren Todtenkranz winden mögen. Kommt, meine Lieben! und folget mir.

Nach geendigter Rede giengen die Kinder Paarweise wieder mit mir in die Kirche. Der Schullehrer war schon dahin voraus gegangen, und hatte die Todtenkrone des verstorbenen Kindes von ihrer Stelle auf den Altar gesetzet. Er empfieng uns mit einem Vorspiel der Orgel, in einem dieser Todtenfeier angemessenen sanften und klagenden Tone. Unter dieser herzschmelzenden Musik verrichteten die Kinder das rührende Liebesgeschäfte, eine aus dem Schulkranz mitgebrachte Rose in die Todtenkrone zu winden, mit nassen Augen. Endlich ging das Vorspiel der Orgel in die Melodie: nun lasset uns den Leib begraben ꝛc. über, und die Kinder sangen nach derselben mit uns, unter sanfter Begleitung der Orgel, folgendes Lied:

Nun schlummre sanft, verblichner Freund!
Die Thräne, die dir Freundschaft weint,
Ist alles doch, was Sel'gen man
Als Sterbliche noch schenken kann.

Doch bey des Guten Grabe weint
Die leer sein und der Tugend Freund.

Sein

Sein Herz schwellt bey der Thränen Lauf
Hoch auch für seine Tugend auf.

Wir liebten hier das Gute schon
In dir, und dort vor Gottes Thron
Sehn wirs belohnt; und sollten nun
Nicht, dir zu folgen, alles thun?

Zum Tode reiftest du schon früh,
Gleich einer Blume, die, mit Müh
Gezogen, schon die Sonne sengt,
Wenn sie sich kaum der Knosp' entdrängt.

Doch, Geistesbildung reifte hie
Auch für die Ewigkeit dich früh.
Dort findest du nun volles Licht
Bey Gott, und höhern Unterricht.

Dein Herz, dem Guten früh geweiht,
Macht dort nun deine Seligkeit.
Darum, Verklärter, folgen wir
In Geist- und Herzensbildung dir.

Früh woll'n wir, gut zu seyn, uns müh'n,
Daß wenn, wie du, wir früh verblühn,
Zur Ewigkeit wir reif schon seyn,
Und uns mit dir des ewig freun.

*) Die Todtenkrone blieb auf dem Altare bis zum folgenden Konfirmationstage stehen, und ich nahm auch bey der Konfirmation davon Gelegenheit, den

Konfirmanden sowol als der Gemeinde manches zu sagen, das eine ausserordentliche Rührung bewirkte. (Die Todtenkrone stand auf dem Altare gerade auf derselbigen Stelle, vor welcher das verstorbene Kind am vorjährigen Konfirmationstage noch gestanden, und sein Glaubensbekenntniß und Gelübde abgelegt hatte.) Nach geendigter Konfirmationshandlung ließ ich sie öffentlich vor der Gemeinde durch einen Kirchenvorsteher wieder an ihren gewöhnlichen Ort in der Kirche hinstellen.

Ich habe von dieser Feierlichkeit solche tiefe Eindrücke bey den Kindern wahrgenommen, von welchen ich hoffen kann, daß sie bleibend und wirksam seyn werden; und überlasse es nun meinen Lesern, zu urtheilen, ob das blos eine leere und spielende Empfindeley gewesen sey.

J. H. Meyer.

VI.

Bitte eines Schullehrers um ein gutes Gebetbuch für niedere Schulen.

Unter den mancherley Ursachen, warum das Gebet immer noch vielen Christen nicht werth genug ist, und der Eifer für dasselbe fast immer mehr abnimmt, habe

habe ich immer auch die Schulen gerechnet. Denn in denselben bekommen die mehresten, durch die Art und Weise, wie in denselben gebetet wird, nicht nur falsche Begriffe, sondern sogar auch oft einen Ekel vor demselben. So auffallend als dieses manchem vorkommen wird, so ist es doch die ausgemachteste Wahrheit. Ich bin Schullehrer in einer großen Stadt, und habe dieses leider! nicht nur in meiner, sondern auch in andern Schulen, sehr oft mit nicht geringem Kummer beobachtet. Es ist bey uns und gewiß in den mehresten Schulen Deutschlands Sitte, daß zu Anfang und beim Schluß der Schule gesungen und gebetet wird. Ich billige dieses; denn es ist gut, daß Kinder schon früh daran gewöhnt werden, öfters an Gott, als den Urheber alles Guten, zu denken, von dem sie in allen Stücken abhangen, und sich zu ihren Geschäfften durchs Gebet zu ermuntern und zu stärken. Da wird nun aber Jahr aus Jahr ein nur ein einziges Gebet gebetet? — nein, hergeplappert — ohne Sinn, ohne Aufmerksamkeit, und, was natürlich daraus folgen muß, auch ohne Anstand, Würde und Andacht. Und wie kann es anders seyn? Denn wenn auch das Gebet noch so gut und zweckmäßig wäre, so müßte es doch diese Folgen haben, da es die Kinder Jahr aus Jahr ein hören, und das soll 6 bis 8 Jahr nach einander, so lange ihre Schulzeit währet. Dazu kommt nun noch, daß die Gebete meistens höchst elend oder wenigstens zu ihrem Zweck

nicht

nicht gar schicklich sind; so z. B. kenne ich eine Schule, wo alle Nachmittage zum Anfange derselben das Lied gebetet wird: Erhalt uns, Herr, bey deinem Wort, und steur des Pabsts und Türken Mord, die Jesum Christum, deinen Sohn, stürzen wollen von seinem Thron ꝛc. zum Schluß aber das Kindergebet aus dem Katechismus Lutheri: Herr Gott Vater im Himmel, erbarme dich über uns, und Vater unser gebetet. Dieses letztere fürtreffliche, aber zu dieser Absicht von Jesu gewiß nicht gegebene Gebetsmuster, war auch vor nicht langer Zeit in einigen Schulen allezeit um 9 Uhr folgendergestalt gemisbrauchet: die ganze Schule mußte dasselbe aus vollem Halse anstimmen, und dasselbe mehr hersingen als beten. Was dabey für Unfug getrieben wurde, kann man sich leicht vorstellen, und die Lehrer konnten ihn, bey aller Aufmerksamkeit darauf, nicht hindern.

Wer sollte mir nun bey solchen Einrichtungen nicht darin Recht geben, was ich oben von den Nachtheilen des Schulgebets gesagt habe, und wie sollte auf solche Art ein Kind wol einen richtigen Begriff und Vorstellung vom Gebet, und dessen Vortheilen erhalten? wenn man zumal noch überdem dazu rednet, wie mechanisch sie dieses zu Hause treiben hören, und dazu angehalten werden; sollte dieses wol Neigung und Vertrauen zu diesem ehrwürdigen Geschäfte erwecken? Ich glaube gewiß nicht; und ich weiß es aus meiner eignen Er-

fah-

fahrung, daß ich in meiner Jugend nicht nur ohne richtige Vorstellung, sondern auch mehr mit Verdruß als Lust, dieses Geschäft getrieben habe, und meine Erziehung war doch nicht die schlechteste. Wie muß es nun bey solchen erst aussehen, bey welchen dieselbe ganz die leider gewöhnliche, d. i. sehr schlecht ist. — Ich dächte, das lehrte die Erfahrung!!

Aber warum ändern dieses die Lehrer nicht ab? Es ist doch unverantwortlich, daß sie so etwas geschehen lassen? so höre ich manchen fragen. Aber es ist nun nicht so leicht abgeändert, als man denkt. Denn einmal haben die Lehrer nicht allemal Geschick dazu. — Ein Schulgebet zu machen, ist wirklich so leicht nicht, als man wol meint; es ist also gut, wenn mancher seine Schwäche fühlet, und sich nicht daran vergreifet. Andern dagegen, die das Geschick wol hätten, fehlt der gute Wille; denn es gehört nicht gerade zu ihrem Amte, sie bekommen es nicht ausserordentlich bezahlt, und das ist also schon Bewegungsgrund genug für sie, es auch nicht zu thun. Ueberdem sind in gar vielen Schulen die Verhältnisse so, daß kein Lehrer dem andern vorgreifen will; oder wo auch das Geringste an die Obern muß berichtet werden, und wenn es diesen Weg erst gehen muß — — dann weiß man ja wol, wie es oft geht! —

Nun, wenn die Lehrer keine solche schickliche Gebete machen können und wollen; so mögen sie

der-

dergleichen abschreiben; man hat ja in den Erziehungsschriften jetzo Kindergebete genug. — Also aus andern Schriften welche abschreiben? Gut, aber wo bekommen die Lehrer diese Schriften her? Ich wette, der größte Theil unserer Herren Landschulmeister, und vielleicht auch einige in der Stadt, haben noch kein einziges gutes neues Erziehungsbuch gesehen, geschweige denn ins Haus bekommen; und so lange sich der größte Theil unserer Schuldienste nicht über 30, 40, 60, höchstens 100 Thlr. beläuft, wird es auch schwerlich viel besser werden; denn bis jetzt hat der arme Lehrer andere dringende Nothwendigkeiten in seiner kleinen Wirthschaft anzuschaffen, als daß er an Bücher denken könne.

Ueberdies aber ist es mit dem Abschreiben so eine Sache. Wie viele Kinder giebt es denn, zumal in den Landschulen, welche Geschriebenes lesen können? die Bücher werden auch öfters abgenutzt, oder gehen gar verloren; sie also öfter von neuem abzuschreiben, das ist vielen Lehrern gar ihre Sache nicht. So weiß ich eine Schule, wo ein geschickter Lehrer seinen Kindern Gebete gemacht hatte; nach einigen Jahren kam er weg; die Gebete giengen verloren; der neue Lehrer kannte sie noch nicht, die Kinder wollte er nicht darum fragen, es hies also: betet was ihr könnt; und nun gieng es wieder an ein Vater unser beten, wie zuvor.*) Doch

---

*) Das sind aber auch gar zu viele Kleinigkeiten, die man einwendet? — Ich gestehe es, und
gleich

Doch, dieses mag genug seyn. Meine Absicht bey diesen Bemerkungen gehet nur dahin, unsere würdigen pädagogischen Schriftsteller auf diese
große Noth und Bedürfniß in unsern gemeinen, öf-
fent-

gleichwol ist es so, und die Erfahrung, daß so
wenig noch immer von den neuen guten Erzie-
hungsvorschlägen in den Schulen benutzt wird,
dächte ich, bestätigte dieses hinlänglich. Es ist
dieses freilich ein großer Fehler vieler unserer
jetzigen Pädagogen, daß sie über die Kleinigkeiten hinweg sehen, alles leicht vorstellen, Plane über Plane entwerfen, und Vorschläge thun,
ohne daran zu denken, wie bey den jetzigen
Verhältnissen und Beschaffenheit der Schulen
und Lehrer, es auch in Ausübung könnte gebracht werden. Die natürliche Folge davon ist,
daß alsdann ihre Schriften, von denen, für
die sie eigentlich sind, selten gelesen, und
noch seltener praktisch benutzt werden. Wie
kann es aber auch anders seyn? Denn der größte Theil von den Herren hat sich wenig bemühet,
unsere Schulenverbesserung kennen zu lernen, sie
schreiben auf ihrem Studierstübchen nach ihrer Phantasie so etwas hin, und wenns hoch
kömmt, so nehmen sie eine Schule, die sich
vor tausend andern auszeichnet, zum Ideal,
oder einige Kinder, die sie im Privatunterricht
haben. Ueberhaupt herrscht jetzt wirklich ein
großes Vorurtheil bey Vielen, daß man glaubt,
es sey nichts leichter, als in dem Erziehungsfa-
che zu schreiben. Und sehr viele, welche die
Geldbegierde oder Ruhmsucht antreibt, in dieser

fentlichen, niedrigen Land- und Bürgerschulen, auf merksam zu machen, und sie im Namen aller würdigen Schullehrer zu bitten, sich unserer armen Kinder doch auch in diesem Stück anzunehmen, und diesem, für einen wichtigen Theil des praktischen Christenthums höchst nachtheiligem Uebel, so bald als möglich abzuhelfen. Zwar geben sich mehrere von uns große Mühe, in ihren Religionsgesprächen den Kindern richtige Begriffe vom Gebet und dessen Vortheilen beizubringen; aber was hilft das alles, wenn wir täglich in der praktischen Anwendung das Gegentheil müssen geschehen lassen?

Und in der That fehlt es doch an einem solchen Buche, so viel mir wissend, beinahe ganz, denn die Gebete für Kinder, die wir jetzt haben, sind

1) entweder so allgemein oder einseitig; sind nicht genug auf die verschiedenen Verhältnisse, Umstände

sey oder jener Wissenschaft etwas heraus zu geben, und die gleichwol ihre Schwäche fühlen, glauben kein besseres Mittel gefunden zu haben, als wenn sie auf den Titel setzen: Für Jünglinge oder Kinder. Eine Bemerkung, die zwar schon oft ist gemacht worden, die man aber nicht oft genug wiederholen kann, weil das Uebel immer mehr überhand nimmt, wie man sich bey jeder Messe davon überzeugen kann.

A. d. Vf.

ſtände und Unterricht unſerer Schulen eingerichtet *) oder

2) ſind ſie in andern Schriften enthalten und
angehängt, und eben deswegen nicht ſwohl zu benutzen;

*) Ich habe zwar ſeit einiger Zeit erſt angefangen,
mich um ſolche Gebetbücher ernſthaft zu bekümmern; und da habe ich deren erſt 2 kennen gelernt. Das erſte führt den Titel: Gebete für
Evangeliſche Landſchulen, Breslau 1787,
bey J. F. Korn dem ältern, 8. 1 Bogen ſtark.
Enthält einige wenige Gebete und einige Lieder-
verſe aus Seiler, Sturm und andern guten neuern Liederdichtern. Die Auswahl aber iſt zum
Theil ſchlecht, unzweckmäßig, und das Ganze
äußerſt dürftig und mittelmäßig. Das andere
aber heißt: Gebete und Lieder zum Gebrauch der untern Klaſſen in evange-
liſchen Schulen, Preßburg, in der Weber
und Korabinskiſchen Buchhandlung, 1785. klein
Duodez, 69 Seiten ſtark. Das Büchelgen hat
folgenden Innhalt: 1) Gebete vor dem Religionsunterrichte. 2) Gebete nach dem Religionsunterricht. 3) Frühgebete in den übrigen Lehr-
ſtunden. 4) Gebete nach den Frühſtunden.
5) Gebete vor dem Nachmittagsunterrichte.
6) Gebete nach dem Nachmittagsunterrichte.
7) Außerordentliche Gebete: a) An dem Geburts-
und Namensfeſte des Regenten; b) bey Gelegenheit eines Schulexamens; c) bey der Vorbereitung zum heiligen Abendmahle. 8) Kürzere
Gebete.

tzen; weil man sonst das ganze Buch haben müßte, um sie zu gebrauchen.

Was nun aber die innere Einrichtung und Beschaffenheit eines solchen Gebetbuchs für die niedern deutschen Schulen selbst betrift; so könnte ich dieses jenen würdigen Männern ganz überlassen. Da sie aber vielleicht nicht alle Lust zu einem solchen Geschäfte haben; nicht selbst Schulmänner*) sind, und das Innere derselben nicht ganz kennen; so glaube ich, werden ihnen die Bemerkungen und Winke eines Schulmannes darüber, doch nicht ganz unangenehm seyn. Sie können ja davon benutzen und abändern was ihnen gut dünkt.

Meinen Einsichten nach, müßte ein solches Buch folgende Eigenschaften haben: Es müßte

1) Nur allein Gebete für niedere Schulen enthalten.

2) Aeuß

Gebete. 9) Lieder vor dem Religionsunterrichte. 10) Lieder vor dem gewöhnlichen Unterrichte in den Frühstunden. 11) Lieder nach dem nachmittägigen Unterrichte. Der Anhang enthält: Gedanken eines Knaben beim Gewitter. Das Büchelgen ist ziemlich zweckmäßig, und ob es gleich nicht alle erforderliche Eigenschaften hat, die ich jetzt bemerken will; so empfele ich es doch allen Schulmännern, bis wir beßere haben, als das beste, das ich kenne. d. V.

*) Dann mögen sie ja in Gottes Namen davon bleiben. d. H.

2) Aeusserst wohlfeil seyn. Denn der Preis, der auch nur einige Groschen überstiege, wäre schon das sicherste Mittel, daß es nicht oder sehr wenig gebraucht würde. In den mehresten Schulen müssen es gewiß die Kinder kaufen, und wie schwer da einige Groschen aufzutreiben sind, weiß jeder Lehrer.

3) Auf starkem Papier und mit deutlichen Schriften abgedruckt. Auf starkem Papier, damit es nicht durch den täglichen Gebrauch so bald abgenutzt werden kann, wie dies bey allen dergleichen Schul- und Kinderbüchern seyn sollte. Die Aeltern werden das immer Wiederanschaffen müde. Mit deutlichen Schriften, damit die Kinder nicht so leicht im Lesen anstoßen, welches sonst die Andacht und Aufmerksamkeit stöhret.

4) Von einem Manne, der die Kindersprache verstehet. Ein solches Buch darf nichts enthalten, was über die Fassungskraft der Kinder gehet; — aber auf der andern Seite auch nicht zu tändelnd seyn, welches jetzt ein gewöhnlicher Fehler in vielen Kinder- und Erziehungsschriften ist, und welches, zumal in einem Gebete, schädliche und widrige Wirkungen haben würde. Auch schon in den Kindergebeten muß ein gewisser Ernst und Würde herrschen, doch nicht gezwungen, gekünstelt, oder bloße Deklamation!

5) Zweckmäßig, d. h. auf Zeit, Ort und Umstände passend.

6) Nicht

6) Nicht zu lange Gebete enthalten. Denn in den mehresten Schulen ist die üble Gewohnheit, daß sich die ganze Menge der Kinder, mehrere zur Zeit des Gebets, in einer Stube versammlet. Unter 60, 80 und hundert Kindern ist doch immer eine große Anzahl, welche wegen ihrer Jugend an solchen Gebeten noch nicht Theil nehmen können, und diese müssen denn nur immer das Aeussere beobachten, aufstehen und die Hände falten, welches religiösen Mechanismus befördert. Bey langen Gebeten wird es nun dem Lehrer äusserst schwer, diese Kleinen in Ordnung und Stille zu erhalten. Ueberdem aber sind lange Gebete überhaupt unzweckmäßig, und ermüden mehr, als sie erbauen; sey es auf der Kanzel oder in der Schule.

7) Nicht zu viel und nicht zu wenig Gebete enthalten. Nicht zu viel; denn das würde das Buch unnöthig vertheuern, und ich habe bemerkt, daß zu mannigfaltige Gebete wirklich in Schulen schädlich sind, denn einmal beschäftigen sie mehr die Neugier als Andacht der Kinder, und dann, wenn sie auch noch so deutlich abgefaßt sind, so kommen doch mehrere Gedanken in denselben vor, welche den Kindern dunkel bleiben, wenn das Gebet zu selten gebetet wird, und ihnen nicht etwas bekannter ist. Dieses unterbricht am Ende ihre Aufmerksamkeit, zumal bey denen Kindern, bey welchen Nachdenken über solche Dinge etwas seltenes ist. Aber dadurch, daß das Gebet öfterer gebetet wird,

werden sie mit dem Inhalt immer vertrauter, die Gedanken ihnen geläufiger und der Zweck eher erreicht. Aber auf der andern Seite dürfen ihnen die Gebete auch nicht zu bekannt und alltäglich werden; sonst plaudern sie selbige eben so her, wie das Vater unser, und denken und empfinden eben so wenig bey diesen, als bey jenem. Eine gewisse Abwechselung muß also seyn.

8) Was aber die besondern Gelegenheiten betrift, auf welche Gebete zu machen wären, so dünkt mich, an folgenden genug, und die nothwendigsten zu seyn.

A. Gewöhnliche Gebete.

1) Verschiedene Frühgebete zu Anfang der Schule.

a) Gewöhnliche auf alle Tage in der Woche.

b) Beim Anfang der Woche.

c) Beim neuen Anfang der Schule, nach gehabten Ferien.

d) Einige auf besondere Jahreszeiten eingerichtet, z. B. im Frühjahre, Sommer, Herbst, Winter, beim Anfang und Schluß eines Jahres.

e) Einige auf die höchsten Kirchenfeste passend, z. B. in der Oster- und Weinachtswoche 2c.

2) Verschiedene früh zu Schlusse der Schule.

a) Gewöhnliche.

b) Beim Schluß der Woche.

c) Beim Schluß, wenn Ferien gegeben werden, oder beim Schluß eines Jahres.

F 3

3) Ver-

3) Verschiedene Nachmittags, zum Anfang der Schule.

   a) Gewöhnliche.

   b) Beim Anfang nach den Ferien.

4) Verschiedene Nachmittags, zum Schluß der Schule.

   a) Gewöhnliche.

   b) Beim Schluß, wenn Ferien sind gegeben worden und beim Schluß eines Jahres *).

5) Beim gewöhnlichen Schulexamen.

   a) Zum Anfange desselben.

   b) Zum Schlusse desselben.

   c) Beim Beschlusse desselben, eins auf die Kinder, welche die Schule verlassen.

6) Einige Gebete in den Vorbereitungsstunden zum Bußtage, (wo dergleichen gewöhnlich sind.)

B. Gebete auf besondere Fälle.

   a) Gebete beim Anfang oder Schluß der Schule, wenn ein Lehrer krank lieget.

   b) Gebet beim Anfang der Schule, wenn er gestorben wäre.

   c) Gebet beim Schlusse der Schule, wenn ein Lehrer Abschied genommen.

   d) Gebet beim Anfang der Schule, wenn die Kinder einen neuen Lehrer erhalten.

   e) Gebet, wenn der Prediger in der Gemeinde krank ist.

   f) Ge-

---

*) Diese Rubrik kann auch wegbleiben, weil sie oben schon da gewesen ist.

f) Gebet, wenn er gestorben ist.

g) Gebet, wenn es verlangt wird, für kranke Kinder zu beten.

h) Gebet, wenn eins von den Kindern gestorben.

i) Gebet zum Schluß der Schule, wenn Kinder wegen grober Vergehung hart sind bestraft worden.

k) Gebet beim Anfang der Schule nach einer Feuersbrunst im Orte.

l) Gebet nach schwerem Gewitter.

m) Gebet nach großem Wasser.

n) Gebet, wenn der Landesherr gestorben ist.

o) Gebet beim Antritt eines neuen, an die Regierung *).

An Stoff zu diesen Gebeten kann es keinem fehlen, denn bey den mehresten bietet die Gelegenheit genug Stoff an die Hand, und bey andern z. B. bey den gewöhnlichen Anfangs- und Schlußgebeten, giebt es Gegenstände genug, die man in denselben abhandeln kann. Auch könnte man aus den Gebeten für Kinder, die wir bereits schon haben, die brauchbarsten auswählen und nur die fehlenden ersetzen. Doch wozu diese letztere Bemerkung?

―――――――――
*) Die Gebete auf besondere Fälle, können etwas länger seyn, als die gewöhnlichen; müssen aber so viel als möglich rührend und belehrend seyn, wie es die Sache erfordert.

kung? Einem geschickten Mann wird es nie an Materie fehlen.

Dieses wäre es, was ich schon längst gern öffentlich gesagt hätte, und wozu ich jetzt den Schulfreund benutze. Ich zweifele nicht, daß der Herr Herausgeber diesem Aufsatze ein Plätzchen in demselben verstatten wird, und zwar sobald als möglich; denn die Sache ist wichtig und kann nicht bald genug ins Werk gerichtet werden. Ich werde mich übrigens freuen, wenn ich meine Absicht erreichen, und auch in diesem Stücke etwas zur Ausrottung des alten Schlendrians und der alten Mißgebräuche *) beigetragen haben sollte.

Das

*) Ich habe mich in der That schon oft gewundert, daß der unverantwortliche Schlendrian in der Schule, der auch in diesem Stücke immer fort getrieben wird, noch nicht mehr Aufsehen gemacht hat. In jeder Messe erscheint ein Haufen Lehrbücher über diese und jene Wissenschaft, die in den Schulen soll getrieben werden. Aber Gebetbücher — ich kenne deren für Schulen sehr wenige. Und wie wichtig ist ein solches Buch nicht für Kinder! wie viel gute Gesinnungen können ihnen durch den Gebrauch desselben beigebracht werden, und wie wichtig würde dies für das Gebet überhaupt seyn! Und unsere ersten pädagogischen Schriftsteller haben dieses noch nicht benutzt — noch nicht dieser Schulnoth sich angenommen? — Sollte man nicht fast glauben, daß Mehrere derselben noch wenig das wahre Innere

Das Gute, das aus einem solchen Gebetbuche für die niedern *) Schulen entstehen würde, wird für den würdigen Mann, der sich dieser Arbeit unterziehen will, Belohnung genug seyn, für seinen Zeitaufwand und Mühe, und insbesondere würde er sich dadurch den Dank aller guten Schullehrer erwerben; so wie auch der Herr Herausgeber dieser Schrift, wenn er durch Einrückung dieses Aufsatzes dazu beförderlich wird **).

F 5   VII.

nere der Schulen kennen müßten; weil sie sonst gewiß hier mehr und ernstlicher geholfen haben würden?

*) Zwar könnte man die nämlichen Klagen auch von höhern Schulen führen, und ich kenne Gymnasien, wo die nämlichen unschicklichen Gebete täglich gebraucht werden, nur mit dem Unterschiede, daß es dort in lateinischer, zuweilen auch wol in griechischer Sprache!!! geschieht. — Doch dafür lasse ich die Lehrer derselben sorgen, mich bekümmern jetzo nur die niedern Schulen. —

**) Da jetzt die Preisaufgaben sehr üblich sind, so könnte man sich auch dieses Mittels bedienen, ein solches brauchbares Buch zu erhalten. Der Absatz, den es nach und nach finden würde, sollte gewiß das ausgeliehene kleine Kapital bald wieder einbringen. Denn ein solches Buch würde gewiß Beifall finden, mehr Vertrauen erwecken, und also auf dem Wege viel allgemeiner werden, als auf eine andere Art.

Ein-

VII.

Einige Bemerkungen über Herrn Meyers Abhandlung von dem Gebrauche der Bibel, als Lesebuch in (Volks-) Schulen, im 2ten Bändchen des Schulfreundes.

Die Befürchtung, daß der Meyersche Aufsatz über diese Materie mißverstanden werden könnte, da er nicht ausführlich genug ist, und die Betrachtung des Eindrucks, den ein solcher Mißverstand zum Nachtheil der bessern Lehrart machen könnte, scheint eine nähere Bestimmung der Grundsätze zu erfordern, nach welchen die Bibel in den Schulen gelesen werden muß.

Herr

Einige unserer Zeitgenossen sollen sich bey ihren Preisschriften die sie aufgeben, gut stehen, und wenige derselben finden doch gewiß den 5ten Theil nicht so viel Absatz, als eine solche Schrift finden würde, die man beinahe in den kleinsten Dörfgen Deutschlands brauchen könnte. Die Herren Inspektoren der Schulen würden vielleicht dann auch eher zu bewegen seyn, es einführen zu lassen, wenn es hieße: es ist eine Preisschrift, als wenn es blos die Autorität eines einzelnen Mannes für sich hätte! —

Herr M. ist mit Recht der Meinung, daß man die Bibel als Lesebuch nicht abschaffen dürfe, nur daß man sie nicht zum ersten Lesenlehren gebrauche; also nicht sowol zur Uebung im fertig und richtig lesen; sondern vielmehr bey den schon ziemlich fertig lesenden Kindern, zur weitern Uebung im gut und mit Nachdenken lesen. Außer den von ihm schon angeführten Gründen für diese Behauptung, scheinen mir noch folgende Betrachtungen hieher zu gehören:

1) Die Bibel macht für den gemeinen Mann eine kleine Bibliothek, und zwar beinahe seine ganze Bibliothek aus. Wenn gleich Religionsgeschichte im Zusammenhang und Religion sistematisch vorgetragen wird; so können doch ausführliche Schriften darüber zum Nachlesen, wegen ihrer Kostbarkeit, selten in die Hände der Kinder und des Volks gebracht werden. Wenn sie also über diese Sachen etwas lesen wollen, so ergreifen sie die Bibel, und es ist demnach höchst nöthig, daß sie zum vernünftigen Gebrauch derselben schon frühe angeleitet, und mit dieser ganzen Sammlung von Büchern durch und durch, dem wesentlichen Inhalt nach, bekannt gemacht werden.

2) Da bey dem kursorischen Lesen, mit der Leseübung die nothdürftige Auslegung allemal zu verbinden ist, so darf es nicht übersehen werden, daß diese Uebung des Interpretirens schon an und für sich ein treffliches Beförderungsmittel des Scharfsinns

finns, der Sprachkenntniß und des guten Styls ist. Auf diesen Hauptpunkt schien man bisher wenig zu achten; vermuthlich aus dem Grunde, weil freilich das Lesen der Bibel bis jetzt wol meistens nur wörtlich getrieben, und nicht Erklärung damit verbunden wird. Wo aber der Lehrer durchgehends eine solche Interpretation dabey übt, wie dazu in dem Handbuch zur Erklärung des N. T. für Ungelehrte, 1r Theil, Halle 1790 *) gute Anleitung gegeben ist, da wird sich der ausnehmende Nutzen bald zeigen.

3.) Wegen ihres mannichfaltigen abwechselnden und meist geschichtlichen Innhalts, hat das Lesen der Bibel auch wirklich, wo es nur vernünftig getrieben wird, viel Reiz für Kinder, und ist geschickt, ihre Aufmerksamkeit rege zu erhalten. Wenn dagegen oft behauptet ist, daß durch das Bibellesen in Schulen, die Bibel den Kindern verleidet werde; so scheint diese Behauptung mehr auf Räsonnement, als auf ausgemachter Erfahrung zu beruhen, und könnte man vielleicht eben so dreist das Gegentheil behaupten: daß nämlich die Bibel bey manchen Leuten auch darum so viel Werth habe, weil sie in der Kindheit ihr tägliches Lesebuch war. Indessen kann man die Möglichkeit jener Folge immerhin

---

*) Es wäre zu wünschen, daß dies nützliche Buch in den Händen aller Schullehrer seyn möchte, denen es um Beförderung richtigen Bibelsinns zu thun ist.   d. H.

hin da zugeben, wo die Bibel zur ersten Leseübung dienen muß, und nach dem Schlendrian gelesen wird. Bey dem hier empfolnen Lesen mit Nachdenken und Erklärung findet aber sicherlich gerade das Gegentheil statt. *)

Was nun diese Art des von Hr. M. in Schutz genommenen kursorischen Bibellesens betrifft, so ist solche ohnstreitig von der bisherigen Methode, die Bibel, von Anfang bis zu Ende, mehrmals wörtlich durchlesen zu lassen, gewiß wesentlich verschieden. Seine Meinung scheint dahin zu gehen, daß nicht blos abgerissene Stellen aufgeschlagen und gelesen werden sollen, sondern daß man im Zusammenhang, oder nach dem Leitfaden der Geschichte, das Ganze kursorisch durchgehe, d. i. bald etwas wörtlich lesen lasse, bald blos dem Hauptinnhalt nach erzähle, bald nur kurz anzeige, was in diesem Buch, Kapitel oder Psalm zu finden sey, überall aber, wo es nöthig ist, eine kurze Interpretation mit dem Lesen verbinde. Er erkläret sich denn zugleich wider die fragmentirten Bibeln, welche, bey einem vernünftigen Gebrauch des unverstümmelten Buchs, als theils unnöthig, theils unbequem und Mistrauen

*) Vielleicht verdienet auch das noch in Erwägung gezogen zu werden, daß durch das Lesen der Bibel selbst viel nützliche Sachkenntniß, stückweise und in concreto, so wie der Volksschulunterricht es erfordert, gar leicht erlangt werden kann.

A. d. Vf.

en erregend, angesehen werden müssen. Er
wähnt zugleich solcher Stellen, die nach unsern jetzigen Sitten die Schaamhaftigkeit zu beleidigen scheinen, und die er auf eine geschickte Art übergehen wissen will; wobey ich nur bemerke, daß nicht solche Stellen, welche sich auf die natürliche Art der Empfängniß, Schwangerschaft und Geburt beziehen, mit darunter gezogen werden dürfen. Denn da die Kinder von diesen Geschäften der Natur doch sonst leicht auf andere anstößige und Leichtsinn erregende Art, Kenntniß erhalten würden, und diese Kenntniß ihnen an sich ohnehin auf keine Weise sittlich schaden kann; so scheint es, daß sie solche am besten durch ein Buch erhalten, dessen Ehrwürdigkeit und Ansehn sogleich einen ernsthaften Eindruck von der Sache geben muß, und daß sie so am besten vorbereitet werden, über das Geschäfft der Zeugung, das ihnen nun nicht lange mehr ganz unbekannt bleiben wird, ebenfalls nicht blos leichtsinnig zu lachen. Was könnte daher einen Lehrer hindern, die biblischen Ausdrücke von Empfängniß, Leibesfrucht, Mutterleib, Geburt, nicht nur ruhig lesen zu lassen, sondern auch wol jeden, den Vorwitz reizenden Schleier, davon wegzunehmen, und frey heraus zu sagen: „Kinder wachsen durch eine wunderbare Veranstaltung Gottes in dem Leibe der Mutter, und brechen, wenn ihr Körper so weit ausgebildet ist, daß er die Luft vertragen kann, unter großen Schmerzen und Verwundung der Mutter,

aus

aus demselben hervor. Je weniger heimlich man damit thut, desto weniger auffallend wird man, und wenn die Kinder auch bey der ersten ernsthaften Erwähnung*) dieser Sache lächeln, so werden sie das in der Folge schon nicht mehr thun. Bey den größern Kindern, die nur an dem Unterricht, wovon hier die Rede ist, Theil nehmen, ist denn auch schon ein anstößiger Mißbrauch, den sie von einer Eröffnung dieser Art machen könnten, nicht eben schwer zu verhüten.

Es wäre übrigens sehr zu wünschen, daß für die Schullehrer, statt der vielen biblischen Historien, Religionsgeschichten, Auszüge und Kommentare, eine Anleitung geschrieben würde, die Bibel mit ihren Schulkindern zweckmäßig zu lesen. Eine solche Anleitung müßte alles das enthalten, was der Schullehrer vom Innhalt, Absicht, Zusammenhang, Auslegung und Anwendung der einzelnen Stücke und Stellen der Bibel wissen muß. Sie müßte ihm über die ganze Bibel von Anfang bis zu Ende ein praktischer Leitfaden seyn. Es wäre ja bey den jetzt vorhandenen Hülfsmitteln, so schwer nicht, ein solches Buch zu schreiben; nur würde freilich Muse

---

*) Es wird zur Vermeidung des Anstoßes nöthig seyn, den Kindern zu sagen, daß dies ein Geheimniß der Natur sey, wovon man nie leichtsinnig, und überhaupt nicht einmal oft und gegen jeden reden müsse.

A. d. Vf.

se dazu erfodert, und reife Beurtheilung. Vielleicht ist Basedows Auszug aus der Bibel, der mir aber nur aus den Recensionen der allg. d. Bibliothek bekannt ist, schon in mancher Absicht, besonders was die Psalmen, das Buch Hiob, und die Schriften Salomo's betrift, als ein solcher Leitfaden sehr brauchbar. *) Auch stehen in der zweiten Lieferung der Lehrbücher für Nordkarolina, S. 287. Winke für erwachsene Christen, nebst einem Verzeichnisse für Kinder und die heranwachsende Jugend, über das Lesen der heil. Schrift, mit Auswahl zur täglichen Erbauung. — Würden öftere dergleichen gelegentliche Nachweisungen den Lesern des Schulfreundes nicht sehr willkommen seyn?

*) Die Religion Israels, in einem Auszug ihrer heiligen Bücher. 1766.
Die altchristliche Religion, in einem Auszug aus den Evangelisten und der Apostelgeschichte. 1766. (s. allg. d. Bibl. 5, 2. 97 ff.)
Die Lehren der Apostel in einem Auszug ihrer Briefe. 1766. (s. allg. d. Bibl. 11, 2. 69 ff.)

VIII.

VIII.

Nachricht von den unternommenen Schulverbesserungen zu Rastenburg, einem Landstädtchen des Herzogthums Weimar, in die Diöces Buttstädt gehörig.

Zu Rastenburg, einer kleinen Landstadt im Herzogthum Weimar war die dasige Knabenschule, zwar unter der Aufsicht zweier Schulkollegen, eines Rektors und eines Kantors; beide Lehrer aber arbeiteten in abwechselnden Stunden in einer Klasse. Dies konnte unmöglich für die Kinder vortheilhaft seyn. Denn

1) Wenn sich der Rektor mit seinen Knaben beschäftigte, so waren die Knaben des Kantors müßig, folglich unruhig und hinderten den Lehrer und seine Schüler, und so wars in den Stunden des Kantors mit den obern Schülern, die nur schlechthin Rektors-Knaben hießen. Da sich die Anzahl der sämtlichen Knaben gemeiniglich auf einige und siebenzig beläuft, so wars nicht möglich, daß sich ein Lehrer in den wech-

Schulfreund, 4s Bdn.   G   selgen Stunden des Tages, denn jeder Lehrer hatte überhaupt drey Stunden, und diese nicht einmal im Zusammenhange, mit allen Schülern abgeben konnte; er lehrte also seine Knaben, und die übrigen waren müßig und unruhig.

2) Wenn die Stunde schlug, die den einen Lehrer von seiner Arbeit abrief, so mußte er die Klasse verlassen, sein Pensum mochte geendigt seyn oder nicht. Folglich war nirgends Zusammenhang, und war, wie wol der Fall seyn konnte, der zweite Lehrer nicht gleich bey der Hand, so waren die Kinder unruhig, und das wenige, was sie gelernt hatten, gieng wieder verloren.

3) Hatte kein Lehrer, sonderlich der obere oder der Rektor, der die erwachsenen Knaben informirte, Zeit genug, so viele Abwechselungen mit seinen Schülern vorzunehmen, als zu einer gehörigen Bildung derselben nothwendig waren, es gieng alles nach einer gewohnten Leyer, die gerade auf drey Stunden für den Tag paßte, und wobey es unmöglich war, das aus den Kindern zu ziehen, was unter einer bessern Einrichtung aus ihnen werden konnte.

Ich fand daher bey meinen jährigen Kirchen-Visitationen, diese Kinder in ihrem Christenthume viel schlechter, als die Kinder kleiner Dörfer, deren Lehrer keine Universität besucht haben, und die blos darum mehr leisten konnten, weil sie mehr Zeit haben. Denn ob ich gleich gar nicht der Meinung

nung bin, Kindern mehr als höchstens sechs Stunden des Tages für die Schule zu bestimmen; so ist's doch auch entschieden, daß das Vielerley, was man mit Kindern, die man zu guten Christen und zu nützlichen Bürgern erziehen will, treiben muß, in drey Stunden für den Tag unmöglich vorgenommen werden kann. Ich wünschte mir daher eine bequeme Gelegenheit mein Anliegen dem Herzoglichen Ober-Consistorio zu Weimar vorzutragen, und diese bot sich mir dar, als im Jahr 1790 der dasige eine Schulkollege der Rektor Titel, ein in dieser Schule altgewordene Greiß, starb.

Das gedachte hohe Kollegium zu Weimar traf bald bey der Einsetzung eines neuen Rektors die trefflichsten Verfügungen. Es wurde beschlossen die bisherige Knabenschule in zwey Klassen zu trennen, eine zweite Schulstube anzulegen, jedem Lehrer seine eigene Schüler zu geben, ihnen mehrere Stunden aufzulegen, beide aber durch eine Besoldungszulage zu entschädigen, und nun wurden für beide Klassen Schultypen entworfen, vom Hochfürstlichen Ober-Consistorio aber folgendes Reglement der Kirchen-Commißion, und durch diese den Lehrern übergeben.

Entwurf, wie es mit der Einrichtung der Kastenburger Schule gehalten werden soll.

1) Die Schule geht in beiden Klassen Morgens von 7 Uhr an und dauert bis 10 Uhr, doch werden in die erste Stunde die Kleinere zu kommen verschont, bey welchen es genug ist, wenn sie von 8 bis 10 Uhr da sind, und beschäftiget werden. Nachmittags dauert die Schule von 1 bis 3 Uhr, außer Mittwochs und Sonnabends, da, wie gewöhnlich Lehrer und Schüler frey sind. Die musikalischen Stunden bleiben in der gewohnten Ordnung.

2) Der Kantor hat die Knaben in seiner Klasse so weit zu bringen, daß sie fertig lesen, den Katechismus mit einigen Sprüchen auswendig lernen; auch einen guten Anfang im Schreiben und Rechnen gemacht haben; und kein Schüler darf in die obere Klasse gesetzt werden, der nicht so weit gekommen ist. Auch darf kein Knabe zur Konfirmation gelassen werden, der nicht in der obern Klasse wenigstens ein Jahr gewesen.

3) Der Rektor muß mit seinen Schülern katechesiren, sie im Christenthum, im Rechnen und Schreiben (auf welche Arbeiten er allen Fleiß zu wenden hat) weiter bringen, ihnen Briefe, kurze Erzählungen, auch andere Aufsätze, die im gemeinen Leben vorkommen, vorschreiben, in die Feder dictiren, und sie zu eigner Fertigung derselben an-
füh-

führen; wobey er jedesmal ihre Fehler zu verbeſ-
ſern, und ſowol auf Caligraphie als Orthographie
zu ſehen hat. Zugleich hat er ihnen vom Inhalt
der biblischen Bücher Begriff zu geben, die vor-
nehmſten biblischen Geſchichten durch Leſen, Erzählen und Katechiſiren bekannt zu machen; auſ-
ſerdem ihnen zur Erholung, die noth-
wendigſten und faßlichſten Kenntniſſe
aus der Geographie und Geſchichte, ſo
wie auch aus der Naturlehre und Na-
turgeſchichte, auf eine angenehme Art
vorzutragen, in allem aber dahin zu ſehen,
daß ſowol durch die Katecheſe, als durch jede andere Uebung, ihr Verſtand aufgeweckt, und ſie zur
Ordnung, Fleiß, Aufmerkſamkeit und Tüchtigkeit
in Geſchäfften gewöhnet werden. Finden ſich einige Geübte, die einen Anfang im Lateiniſchen *)
machen wollen, ſo hat er ſolchen, doch alſo, daß
der größere Theil der Klaſſe dadurch nicht leide, zu
willfahren; zugleich aber auch bey denen, die kein
Latein lernen, darauf zu ſehen, daß ſie Latein
ſchreiben, und lateiniſche Worte, die im Reden,
oder bey Aufſätzen oft vorkommen, recht ausſpre-
chen, ſchreiben und verſtehen lernen.

G 3   4) Wie

---

*) Eigentlich wird in dieſer Schule kein Latein ge-
trieben, diejenigen Kinder, die es erlernen wollen, müſſen deshalb Privatſtunden nehmen.

4) Wie diese §. 2. und 3. benannten Arbeiten und Lectionen nach den Tagen der Woche und der Schulstunden am besten eingetheilt werden können, darüber ist für beide Klassen vom Pastore, als Ephoro der Schule, mit Zuziehung der Lehrer selbst, ein Typus, in tabellarischer Form, zugleich mit Benennung der dabey gebräuchlichen, oder nach dem Vorschlage des Ephori zu gebrauchenden Schulbücher *) zu entwerfen, dem Fürstl. Ober-Consistorio zur Vorschrift oder Genehmigung einzusenden, und wenn solche erfolgt ist **), ein wohlgeschrie-

*) Da ein großer Theil der Einwohner der Stadt sehr dürftig ist, denen also die Ankaufung neuer Schulbücher lästig fiel, und andern unmöglich war, so habe ich bey Fertigung des Lections-Typus die Einrichtung getroffen, daß außer den gewöhnlichen, der Bibel, dem Gesangbuche, des Lutherischen Katechismus und Ferbers Spruchbuche, keine weiter eingeführt werden durften, welches auch vom Fürstl. Ober-Consistorio genehmiget wurde.

**) In der Zwischenzeit, ehe diese gute Schulveränderung beendiget werden konnte, starb der Pastor zu Rastenburg, und die Fertigung dieses Typi, welchen das Fürstl. Ober-Consistorium hernach genehmigte, die Einführung des neuen Rektoris, den nach der Superintendenten Ordnung des Weimarischen Landes, der Superintendent zwar präsentirt, der Pastor des Orts aber einführt, und die Trennung beider Klassen in der Rastenburgischen Knabenschule, fielen durch höhern Auftrag auf mich.

schriebenes Exemplar des Typi in beiden Klassen anzuschlagen, auch ohne Noth nicht von demselben abzuweichen, so, daß jeder Schüler wisse, was er in jeder Stunde zu thun habe. Durch fleißigen Besuch der Schule, wird sodann der Ephorus beflissen seyn, diesen Cursum in Gang zu bringen und im Gange zu erhalten.

5) Acht Tage vor dem Examine, welches gewöhnlichermaßen zu Anfange der Aerndte in Beiseyn einiger Rathspersonen, gehalten wird, hat jeder Lehrer, nebst dem Verzeichnisse der Schüler seiner Klasse, mit Bemerkung ihres Alters, Fleißes, Sitten und Qualität, in angelegter Form eine kurze Designation der im vergangenen Jahre getriebenen Arbeiten und Lectionen dem Pastori, als Ephoro, zu übergeben, worauf dieser, nach seiner gehaltenen Rede das Examen in denselben Lectionen mit beiden Klassen dirigiren, die Lobwürdigen loben, die Trägen ermahnen, und daß den vorkommenden Mängeln bald abgeholfen werde, veranstalten wird. Nach vollendetem Examine geschiehet vom Ephoro die Versetzung der zur ersten Klasse tüchtigen Schüler, die der Kantor also in einer besondern Rubrik seines Verzeichnisses bemerkt hat, und im Examine tüchtig befunden worden sind *).

*) Obgleich die neukonfirmirten Kinder nach unsern Landesgesetzen noch ein Jahr in die Schule gehen müssen, so pflegen sie gleichwol nach erhaltener Konfirmation

Außerdem aber, und von Niemanden sonst, als dem Ephoro, kann die Versetzung vorgenommen werden; dieser hat sodann nach beendigtem Geschäffte mit Beifügung der vorgenannten Verzeichnisse in Designation der Arbeiten an **Fürstliches Ober-Consistorium**, ohne Ausbleiben, Bericht zu erstatten, und, wie er die Schule gefunden, pflichtmäßig anzuzeigen.

6) Da auch über das Versäumniß der Schule zu Rastenberg viel Klage geführt worden, so sind die Tabellen der muthwillig und ohne Entschuldigung ausbleibenden Schüler, die, nach dem deshalb ergangenen Circular *), vierteljährig dem Superintendenten-

firmation die Schule zu verlassen. Geschahe also die Translocation zur Zeit der Aerndte, so war wenigstens für manche Jahre zu fürchten, daß der Rektor von Ostern, wo in unserm Lande gewöhnlich konfirmirt wird, bis zur Aerndte wenig Schüler hatte. Auf meine desfalls gemachte Vorstellung, wurde daher vom Fürstl. Ober-Consistorio zu Weimar befohlen, **daß außer dem Aerndten-Examine noch ein zweites gleich nach Ostern vom Pastor gehalten, und zu dieser Zeit und nicht zur Zeit der Aerndte, die Translocation vorgenommen werden sollte.**

*) Dieses Circular wurde den 14ten März 1777 präsentirt, und in demselben wurde anbefohlen, daß nach beiliegendem Entwurfe Schultabellen von den Schullehrern gefertiget, von dem inspicirenden Pastore

tendenten eingesandt werden sollen, schneller zu bewirkender Ordnung halber dem Pastori, als Ephoro der Schule, monatlich einzureichen, und soll von diesem sogleich unmittelbar an den Stadtrath, die im obgenannten Circular anbefohlne Anzeige geschehen, auch vom Stadtrathe, an welchen deshalb eine besondere Verordnung ergehet, in Ansehung der im Circular festgesetzten Ahndung, das Nöthige verfügt werden. Die diesfalls an den Ephorum eingesandten Strafgelder, sollen von diesem gehörig berechnet, und für die ärmsten Schü-

G 5   ler

Pastore unterzeichnet, vom Superintendenten, an den sie einzuschicken sind, gesammlet, und an den Herrn General-Superintendenten alle Vierteljahr eingesendet werden sollen.

1) Die Aufschrift dieser Tabellen soll seyn: „Schultabelle von (Namen des Orts) im Vierteljahr von (Zeit bis Zeit)." Am Ende, der Name des Schullehrers, und das Zeugniß des Aufsicht habenden Pfarrers.

2) Bemerkt und angezeigt soll in eigenen Rubriken werden:
 a) Der Name der Kinder.
 b) Wie alt.
 c) Wie lange in der Schule.
 d) Fähigkeit.
 e) Fleiße.
 f) Wie vielmal sie vierteljährig hätten sollen in die Schule kommen.
 g) Wie vielmal sie in die Schule gekommen sind.
 h) Ursachen des Außenbleibens.

ter zu Papier oder zu Büchern, die nach ihrem Weggange der Schule verbleiben, angewendet, als jedes Jahr bey Abnahme der Kirchrechnung, an Fürstliche Kirchen-Commißion von ihm darüber schriftliche Anzeige geschehen, und den Justifications-Acten derselben einverleibet werden.

7) Uebrigens soll diese Vorschrift und Einrichtung bey Einführung jedes neuen Schullehrers öffentlich verlesen, demselben vom Ephoro eine Abschrift zugestellt, und daß solcher in allem nachgelebt werde, mithin die Schule den Zweck erreiche, den sie erreichen soll, nämlich wohl unterrichtete, zum Fleiß und zur Ordnung gewöhnte, brauchbare Bürger der Stadt und dem Staate zu geben, pflichtmäßige Sorge getragen werde.

Censur-Tabelle der Rektorats-Klasse zu Rastenburg. Anno —

Namen.	Geburtsort.	Alter.	Zeit des Aufenthalts in der Klasse.

Fähigkeit.	Fleiß.	Abwesenheit.	Sitten.

Die

Die von mir entworfenen und höhern Orts genehmigten Typi für beide Klassen für Knabenschulen, waren folgende:

A.
Typus für die wöchentliche Schulstunden der ersten Klasse.

Montag	Vormittage	7–8 Gebet und Bibellesen. 8–9 Katechese im Christenthum 9–10 Latein schreiben und aussprechen.
	Nachmittage	1–2 Schreibestunde. 2–3 Briefe, Erzählungen ꝛc. die dictirt werden, werden von den Schülern nachgeschrieben.
Dienstag	Vormittage	7–8 Gebet und Bibellesen. 8–9 Katechese im Christenthum 9–10 Inhalt der biblischen Bücher und biblische Geschichte.
	Nachmittage	1–2 Rechenstunde. 2–3 Verbesserung der dictirten Briefe, Erzählungen ꝛc.
Mittwoch	Vormittage	7–8 Gebet und Bibellesen. 8–9 Geographie. 9–10 Latein schreiben und aussprechen.
	Nachmit.	Ferien.

Don-

Donnerstag	Vormittage	7-8 Gebet und Bibellesen. 8-9 Katechese im Christenthum 9-10 erste Gründe der Historie.
	Nachmittage	1-2 Schreibestunde. 2-3 Recitirung einiger biblischen Sprüche.
Freytag	Vormittage	7-8 Gebet und Recitation des Katechismus Luthers. 8-9 Katechese im Christenthum 9-10 Anleitung zu eignen Briefschreiben.
	Nachmittage	1-2 Rechenstunde. 2-3 Briefe, die dictirt werden, werden nachgeschrieben
Sonnabend	Vormittage	7-8 Gebet und Bibellesen. 8-9 Verbesserung der dictirten Briefe, Erzählungen 2c. 9-10 Naturlehre und Naturgeschichte.
	Nachmit.	Ferien.

B.

Typus für die zweite Klaſſe des Kantoris.

Montag	Vormittage	7.8 Gebet und Leſen mit den Obern in der Bibel, die Mittlern leſen im Katechismus. 8.9 A, B, C, und Buchſtabiren. 9.10 Leſeübung mit denen, die erſt anfangen zu leſen, die Obern können mit einem Stück aus dem Katechismo oder mit einem bibliſchen Spruch zu lernen beſchäfftiget werden.
	Nachmittage	1.2 Schreibeſtunde. 2.3 Katechismus, wo zugleich einige Sprüche können aufgegeben werden.
Dienſtag	Vormittage	7.8 Gebet und Leſen mit den Obern in der Bibel, die Mittlern leſen im Katechismo. 8.9 Die Kleinſten erhalten einige Uebung im Katechismo, die Mittlern lernen einen kleinen Spruch oder ein ſonſtiges Penſum für ſi ̶ leſen, und werden überhört. 9.10 A, B, C, und Buchſtabiren wird getrieben. Mit den Obern wie am Montage, 9.10 Uhr.

Dienſtag

Dienstag	Nachmittage	1.2 Rechenstunde. 2.3 Ein gelernter biblischer Spruch und ein Pensum aus dem Katechismo wird recitirt, bleibt einige Zeit, so können die Kleinsten im A, B, C, und Buchstabtren geübt werden.
Mittwoch	Vormittage	7.8 Gebet und Lesen mit den obern und mittlern Knaben. 8.9 Christenthum, nach den Fähigkeiten der Kinder vorgetragen. 9.10 A, B, C, und Buchstabiren wird getrieben; mit den Obern wie am Montage und Dienstage.
	Nachmit.	sind Ferien.
Donnerstag	Vor- und Nachmittage	Wie am Montage.
Freytag	Vor- und Nachmittage	Wie am Dienstage.
Sonnabend	Vor- und Nachmittage	Wie am Mittwoch.

Nach-

Nachdem nun alle diese Veranstaltungen getroffen und in Ordnung gebracht waren, so wurden am 14ten December 1790, als an dem Tage der Einführung des neuen Rektoris, beide Klassen getrennt, und der Rektor mit seinen drey und zwanzig Schülern in ihre neue Klasse eingewiesen. Der Anblick war rührend, und ich kenne wenig Tage meines Lebens, die mir eine ähnliche Erquikung für mein Herz gegeben hätten. Angreifend für mich war es, diesen Actum in einem Hause zu verrichten, in welchem ich vor 55 Jahren gebohren wurde, und die obern Knaben aus der Stube zu führen, wo ich in meinen jüngern Jahren selbst saß und lernte; rührend war der Anblick der 23 Rektors-Knaben, da sie mit Schluchzen und Weinen von ihrem bisherigen Lehrer, dem Kantor, Abschied nahmen, und nun stolz auf den Gedanken, Schüler der ersten Klasse zu seyn, in ihre neue Klasse übersprangen; was das für ein Anblick war, Traurigkeit und Freude in einem Augenblicke vereiniget zu sehen; — — rührend war es zu sehen, wie alles, der Stadtrath in Corpore, die drey Schullehrer, die Aeltesten der Stadt, das Chor der Adjuvanten, weinte, und diese Kinder und ihren neuen Lehrer unter lauter Segenswünschen in ihre neue Klasse begleiteten.

Ich glaube, es lasse sich kein größeres Verdienst gedenken, als das, was man sich bey der Bildung der Jugend macht, weil hadurch gute

Chri-

Christen und Bürger für den Staat gezogen werden. Selbst dem weiblichen Geschlechte würde es ersprießlich und für den Staat heilsam seyn, wenn sie in den Schulen anders, als es leider! gewöhnlich ist, behandelt würden. Was die Töchter vornehmer Aeltern zu ihrer Bildung voraus haben, daß ihre Aeltern an ihnen selbst arbeiten, und auf ihre Auferziehung Geld und Zeit wenden können, das muß das Landmädchen, wo nicht ganz, doch größtentheils, entbehren. Man erziehet sie in den Sitten ihrer Aeltern, man gewöhnet sie früh zu gröbern Arbeiten, die größtentheils nur die Augen und die Hände beschäfftigen und den Verstand müßig lassen. Wenn nun hiebey nicht gute Anstalten für die Schuljahre getroffen werden, so ist der Schade offenbar, der ganze Nachkommenschaften trifft, weil die Tochter, der es an guter Erziehung fehlt, unmöglich gute Kinder ziehen kann, wenn sie einst Mutter wird.

Bey meinen jährigen Visitationen, fand ich zu Rastenburg die Mädchens auch nicht also, wie ich es erwarten konnte. Meine vieljährige Bekanntschaft mit Kindern, und die daraus gesammleten Erfahrungen, ließen mich vermuthen, daß eine der ersten Ursachen, in der fast allgemeinen üblen Verfassung der Schulen, und der Behandlung der Lehrer liege, davon ich am Schlusse einige Anmerkungen mittheilen werde. Auf meine desfallsige Vorstellung beim Fürstlichen Ober-

Con-

Consistoria zu Weimar, wurde daher nicht nur ein doppeltes Examen, zu Ostern und zur Aerndte angeordnet, sondern es wurde auch dem Mägdlein-Präceptor zu Rastenburg folgender Typus für seine Lectionen vorgeschrieben, der sich auf die bisher üblichen Lehrstunden der Mädchenschule gründet.

C.

Typus für die Mägdlein-Schule zu Rastenburg.

Montag

Vormittage
- 7-8 Gebet und Bibellesen mit der ersten Klasse.
- 8-9 Buchstabiren und Lesen mit der 2ten, und das A, B, C, mit der dritten Klasse.
- 9-10 Recitation des Katechismus Lutheri, die Kleinern lernen und beten eine Frage aus dem Katechismo, und die Kleinsten einen kleinen biblischen Spruch.

Nachmittage
- 12-1 Schreibestunde.
- 1-2 Buchstabiren und Lesen mit der 2ten, und das A, B, C, mit der ersten Klasse.
- 2-3 Katechese.

Schulfreund, 4s Bdn.   H   Dien-

Dienstag	Vormittage {	7 ‒ 8 Gebet und Bibellesen mit der ersten Klasse.
		8 ‒ 9 Buchstabiren und Lesen mit der zweiten, und das A, B, C, mit der dritten Klasse.
		9 ‒ 10 Katechese im Christenthum.
		12 ‒ 1 Rechenstunde.
	Nachmittage {	1 ‒ 2 Buchstabiren und Lesen mit der zweiten, und das A, B, C, mit der dritten Klasse.
		2 ‒ 3 Recitirung einiger biblischen Sprüche, die nach der Beschaffenheit der Klassen in drey bis einen bestehen.
Mittwoch	Vormittage {	7 ‒ 8 Gebet und Bibellesen mit der ersten Klasse.
		8 ‒ 9 Buchstabiren und Lesen mit der 2ten, und das A, B, C, mit der 3ten Klasse.
		9 ‒ 10 Biblische Geschichte und Inhalt der biblischen Bücher, wobey zugleich die Kinder im Aufschlagen biblischer Sprüche geübt werden können.
	Nachmtt.	sind Ferien. Don-

Donnerſtag	Vormittage	7 - 9 Iſt Kirche. 9 - 10 Moraliſche, auch ökonomiſche und andere nützliche Erzählungen.
	Nachmittage	12 - 1 Schreibeſtunde und Anleitung zur Orthographie. 1 - 2 Buchſtabiren und Leſen mit der 2ten, und das A, B, C, mit der dritten Klaſſe. 2 - 3 Katecheſe im Chriſtenthum, beſonders mit der zweiten und dritten Klaſſe.
Freytag	Vormittage	7 - 8 Gebet und Bibelleſen mit der erſten Klaſſe, Uebung im Leſen mit der 2ten Klaſſe. 8 - 9 Buchſtabiren mit der 2ten, und das A, B, C, mit der dritten Klaſſe. 9 - 10 Katecheſe im Chriſtenthum
	Nachmittage	12 - 1 Rechenſtunde und Anleitung Geſchriebenes zu leſen 1 - 2 Buchſtabiren und Leſen mit der 2ten, und das A, B, C, mit der 3ten Klaſſe. 2 - 3 Recitation einiger Sprüche mit der erſten Klaſſe, die 2te Klaſſe ein Penſum aus dem Katechismo.

		7–8 Gebet und Bibellesen mit der ersten Klasse.
	Vormittage	8–9 Buchstabiren und Lesen mit der zweiten, und das A, B, C, mit der dritten Klasse.
Sonnabend		9–10 Biblische Geschichte und Inhalt der biblischen Bücher.
	Nachmitt.	sind Ferien.

Anmerk. in allen den Stunden, wo die erste Klasse müßig ist, wird ihr ein Geschäffte, z. B. Selbstschreiben ohne Vorschrift, eine biblische Geschichte aus der Bibel selbst u. dgl. übertragen.

Ich glaube aus Ueberzeugung, daß dieser dreifache Typus auf die mehresten Landschulen anwendbar seyn möchte, wenn auch die Umstände des Ortes einige Abänderungen nothwendig machen sollten; ich glaube auch aus gesammleten Erfahrungen behaupten zu dürfen, daß sehr viele Landschulen das ausgebreitete Gute nicht hervorbringen, was man von ihnen erwarten darf, und ich finde diese traurige Aeußerungen in folgenden Ursachen:

1) Die Kinder werden in den Schulstunden nicht genug beschäftiget, und
es

es fehlt ihren jungen flüchtigen Herzen die so nöthige, und besonders überraschende und vergnügende Abwechselung. Die Behandlung der Kinder, bey denen man die Gedult und das Nachdenken der Alten nicht erwarten kann, ist so einförmig, jeder Schultag, vielleicht jeder halbe Tag, ist dem andern völlig gleich, und nun wird dies Geschäffte den Kindern gar bald zur Gewohnheit und dann zur Last. Es erfolgt daraus noch ein anderer Schade. Jede Schule des Landes, die sich gewöhnlich nur in einer Stube, und unter der Aufsicht eines Lehrers befindet, muß gleichwol nach Jahren und Fähigkeiten in mehrere, gewöhnlich in drey Klassen, abgetheilet werden, in diejenigen, die das A, B, C, lernen, in die, welche sich mit Buchstabiren und Lesen beschäfftigen, und in die, welche schon lesen können. Nach der gewöhnlichen Schulmethode sind immer zwey Klassen müßig, indem sich der Lehrer mit der dritten beschäfftiget. Wäre es nicht gut, wenn der Lehrer jenen auch ein Geschäffte, das ihren Kräften angemessen wäre, übertrüge? Dies dürfte um so nöthiger seyn, da der Unterricht eines jeden einzelnen Kindes nur eine kurze Zeit beträgt, wenn man die Zahl der Kinder mit der Zahl der Schulstunden vergleicht.

2) Man martert die Kinder mit zu viel Auswendiglernen, vernachläßiget dabey den Verstand, wenn man die

Nemarte quält, und macht es durch den Kindern die Schule zur unerträglichen Last. So ist der gewöhnliche Schlendrian in vielen Schulen, die ich kenne, und wo man den Kindern wol ganze Seiten aufgiebt, die sie lernen und dann auswendig hersagen müssen. Freilich ist das Ding dem Lehrer sehr bequem, wenn er, das Buch in der Hand, ganze Stunden müßig seyn kann; aber welche Vortheile hat wol ein Kind davon, welches das, was es heute ängstlich gelernt, morgen schon wieder vergessen hat? und, worüber werden wol Kinder öfterer geschlagen, oder für faul ausgeschrien, als eben über diese Sache? Ganz natürlich geht nun das Kind ängstlich in die Schule; das Bild eines Vaters, unter dem sich das Kind seinen Lehrer gedenken sollte, verschwindet, er ist ihm ein Zuchtmeister, und das Kind freuet sich, wenn einmal Schulferien eintreten, wo es nichts lernen und auch nichts fürchten darf. Es sollte nicht so seyn! Am traurigsten ist dieses, daß man sogar das Christenthum nach geschriebenen oder gedruckten Büchern lehrt, und folglich auch hier den Verstand vernachläßiget. Mehrentheils ist dies der Fall bey Lehrern, deren Kopf selbst leer ist, oder die feine Katechese verstehen. Aber desto trauriger!

3) Man schließt gemeiniglich bey den niedern Schulen Dinge aus, die den Kopf aufräumen, die Schulstunden versüßen, und die auch dem niedrigsten Land-

Landmanne nicht schaden. Der Handwerksmann sollte wenigstens leserlich schreiben, und das, was andere geschrieben haben, fertig lesen, er sollte, so wie der gemeine Mann überhaupt, lateinische Worte, die im gemeinen Leben oft vorkommen, lesen und aussprechen lernen, er sollte von Geschichte, Naturlehre und Naturhistorie, wenigstens das verstehen, was auf seine Kräfte passet, und diejenigen Dinge kennen, die um ihn her sind, damit es in seinem Kopfe heller, und dem unter dem gemeinen Manne so sehr eingerissenen Aberglauben vorgebeugt würde. Aber wo sind die niedern Landschulen, wo man das treibt?

4). Man gewöhnt die Kinder nicht daran, stille und ohne Geräusche zu lernen. Wer es nicht weiß, wo ein Schulhaus ist, der darf nur dem Geräusche nachgehen, das er schon auf der Gasse sehr deutlich vernehmen kann; und nun stelle man sich das Getöse in der Schulstube selbst vor, und mit welchem Vortheil der Lehrer lehren, und der Lernende lernen kann. Eine Ursache eines solchen Lermens liegt darin, daß nach jetziger Gewohnheit in den mehresten Schulen, immer ein Theil der Kinder müßig ist, wenn sich der Lehrer mit einem andern Theile beschäfftiget. Der müßige Theil sucht nun einen Zeitvertreib, und findet ihn gewöhnlich im Plaudern, wodurch zugleich andere gereizt, wenigstens gestört werden, und das trifft vorzüglich die Lernenden. Folglich martert sich der Schullehrer, ohne Früchte seiner Arbeiten zu spüren. Diesem vorzubeugen pflegt man dem müßigen Theile ein gewisses Pensum aufzugeben. Ich habe dies oben selbst vorgeschlagen, aber nun besteht der Fehler darin, daß man, um dem Geräusch auszuweichen, die Kinder nicht gleich anfänglich daran gewöhnt, daß sie stille und ohne Geräusch lernen, wozu weiter gar nichts als Uebung gehört, und wenn Kinder gleich in ihren ersten Schuljahren dazu gewöhnt werden, so fällts ihnen gar nicht schwer. Dann herrscht in der Schule Stille, durch sie wird die Aufmerksamkeit befördert, der Lernende wächst in seinen Kenntnissen, und der Lehrer siehet Frücht von seiner Arbeit.

5) Man behandelt die Kinder, sonderlich die kleinern, nicht so, daß sie gern in die Schule gehen lernen. Freilich ist dies die wichtigste unter allen Fertigkeiten eines Schullehrers, aber auch gerade die, welche den mehresten Lehrern fehlt. Sich so herabzulassen, daß ihn auch das Kind lieb gewinnt, mit einer liebreichen Ernsthaftigkeit sich mit den größern Kindern abzugeben, und die schwere Mittelstraße zu treffen, daß bey den Kindern immer Furcht und Liebe beisammen ist: das ist die erste Tugend eines Schullehrers, wo er mit halben Kenntnissen ungleich mehr wirkt, als der gelehrte, dem aber jene Tugend mangelt. Und gleichwol ist eine so nöthige und heilsame Behandlung in den wenigsten

Schu-

Schulen anzutreffen. Man erzieht die Kinder durch Prügel, macht sich, statt ein Vater zu seyn, zum Zuchtknechte, erzeugt dadurch eine knechtische Furcht in den Kindern, macht dadurch einen Theil der Kinder verstockt, einen andern Theil feig, niedergeschlagen und muthlos, allen Kindern aber die Schule zum Zuchthause. Ich verwerfe dadurch die Schulstrafen keineswegs, auch nicht die Stockschläge, aber sie passen doch wirklich auf den Rücken der wenigsten Kinder; denn sie gehören nur für die Boshaften, d. i. für diejenigen, bey denen keine wiederholte Ermahnungen, keine vernünftige und liebreiche Vorstellungen, d. i. wie man zu reden pflegt, keine gute Worte, helfen. Wenn sich ein Schullehrer immer als den, der er ist, nämlich als Vater seiner Kinder betrachtete, in dem Tone eines Vaters mit ihnen handelte; liebreich wie ein Vater mit ihnen umgieng, kindische Vergehungen liebreich verwies; durch Lob, dem guten und frommen Kinde gegeben, die Trägen und Ungezognen durch Ehrgeiz besserte, durch Vorstellungen ihnen die Folgen der Trägheit und des Lasters lebhaft darstellte, und nur im äußersten Nothfall den Stock ergriff; dann würden die Kinder gern in die Schule gehen, fleißig lernen, und tugendhaft werden.

6) Man verabsäumet die wirksamsten Mittel, die zu gewöhnliche Versäumniß der Schulen zu verhindern. Der

H 5. Grund

Grund davon ist bald bey den Kindern, bald bey den Aeltern zu suchen. Liegt der Grund in den Kindern, so ist eine der ersten Ursachen diese, daß man ihnen die Schulstunden nicht angenehm und unterhaltend genug macht. Davon vorher. Oder wärs irgend eine andere Ursache, so sind Stockschläge gewiß das Mittel nicht, wodurch das Kind Lust bekommen kann, die Schule gern zu besuchen. Man versuche es lieber mit liebreichen Vermahnungen, man stelle ihnen den Schaden einer öftern Versäumniß vor; man stelle neben sie gute und fleißige Schüler, man gewöhne sie daran, daß sie sich, wenns nicht Krankheit ist, selbst entschuldigen müssen, wobey der Lehrer eine gute Gelegenheit hat, ihnen Vorstellungen zu machen, ihre Entschuldigungen zu untersuchen, und so weiter. Liegt die Schuld an den Aeltern, so weiß ich aus der Erfahrung, daß Vorstellungen von der Kanzel wenig fruchten; also bleibt hier blos der Arm der Obrigkeit übrig, doch halte ich dafür, daß wenn die Kinder der ärmsten Aeltern täglich einen halben Tag die Schule ordentlich besuchten, und zwar gerade den, an welchem das Kind das mehreste für sich lernen kann, daß dies wol hinreichend wäre.

7) Freilich ist eine der ersten Ursachen, warum wir so viele schlechte Schulen haben, in den Schullehrern selbst zu suchen. Entweder es fehlen ihnen die Fähigkeiten und die Wissenschaften, die ihr Dienst fordert,

derer aber, sie sind was verdroffen, Ihrem Amte
ein Gnüge zu thun. Das letzte, die Verdroffen-
heit kann zwar mancherley Ursachen haben, aber
eine der erften liegt in den gar zu geringen Befoldungen der mehreften Schullehrer. Ich kenne vier
Landfchulen, wo die Lehrer einer 48 Rthlr. 1 Gr.
1½ Pf., der andern 52 Rthlr. 11 Gr. 8 Pf., der
dritten 37 Rthlr. 1 Gr. 5½ Pf., der vierten 3 Rthlr.
1 Gr. Befoldung, und folglich kein volles Tag-
lohn genießen. Folglich muß ein folcher Mann
nicht nur unter vielen Sorgen arbeiten, fondern
er muß auch, damit er fich und feine Familie näh-
re, die fchwerften Arbeiten thun, wo will da Muth
herkommen? Es follte alfo die erfte Sorge feyn
für Landesherrfchaften, die Befoldungen der Schuldiener zu erhöhen, daß fie einen hinlänglichen Unterhalt erhielten, wozu die Landesherrfchaften und
die Gemeinden beitragen, und den geringften Dienft
wenigftens auf 100 Thaler reine Einnahme fetzen
follten. Dann follten und könnten auch tüchtige
Männer zu dergleichen Dienften befördert werden,
und nicht Laquaien, die zwar frifiren, ein Serviet
künftlich brechen, eine Tafel ferviren, ein Kompli-
ment machen und ausrichten, höchftens ein bis-
chen Clavier fpielen, fchreiben und rechnen, und einen leichten Choral fingen können, weiter aber
nichts verftehen; — auch follte in größern Schulen die fogenannte Schulmeifter-Klaffe ganz ausgerottet, und jeder Schüler follte alle Arbeiten fei-

ner

ner Klasse, höchstens das Hebräische ausgenommen, mitzutreiben angehalten seyn, damit in seinem Kopfe ein wenig aufgeräumt würde; — in jedem Orte, wo eine größere Schule, d. i. eine solche ist, wo die Schüler bis zur Akademie fortrücken, sollte ein sogenanntes Schulmeister = Seminarium seyn, und in diesem sollte nicht blos Katechese getrieben, sondern es sollte auch dem künftigen Schulbedienten eine gute und faßliche Methode den Kindern das A, B, C, beizubringen, und buchstabiren zu lehren, beigebracht, mit ihnen unentgeldlich die Musik, Rechnen und Schreiben tractirt, und ihnen mit einem Worte zu alle dem, was ein künftiger Schullehrer braucht, eine hinlängliche Anleitung gegeben werden. Wenn hierauf ein Landesfürst jährlich einige tausend Thaler verwendete, wie gut hätte er dieses Geld angelegt. Die Herren Pastores sollten ihre Schulen fleißig besuchen, bey diesen Besuchen die Mängel ihrer Schulen untersuchen und ihnen abhelfen, auch wol nach Befinden zu ihrer höhern Obrigkeit ihre Zuflucht nehmen; sie sollten in der Kirche, sonderlich am Sonntage Nachmittage, fleißig katechisiren, damit die Kinder öffentliche Proben ihres Fleißes und ihrer Geschicklichkeit zu ihrer fernern Aufmunterung, ablegen können, die Alten aber eine Gelegenheit haben, ihre ehemaligen Kenntnisse zu erhalten und zu bereichern; geschähe

dies

dieses alles, so würden die Schulen und durch sie
der Staat, gewiß blühen.

Johann Samuel Schröter.
Superintendent und Oberpfarr zu Buttstädt,
mehrerer gelehrten Akademien und Ge-
sellschaften Mitglied.

IX.

Einrichtung der Dorfschulen im Kirchspiel Immichenhain.

Ihr deutscher Schulfreund erregte gleich bey den
ersten Ankündigungen in mir den Wunsch, ihn zu
besitzen, durch ihn mich und die hiesigen Schulmeister zu belehren, und zur Verbesserung des Unterrichts uns zu ermuntern. Mein Wunsch ist erfüllt, und meine Absicht wird hoffentlich erreicht
werden. Vielleicht ist es Ihnen und den Hessischen
Lesern Ihrer Zeitschrift nicht unangenehm, wenn
ich Ihnen für dieselbe dasjenige mittheile, was ich
bisher zur Verbesserung der Dorfschulen im hiesigen Kirchspiel, mit besonderer Genehmigung unsers Hochfürstlichen Konsistoriums zu Cassel, mit
gutem Erfolg zu thun angefangen habe.

Es

Es sind nun beinahe 4 Jahre, daß ich in das hiesige kleine Kirchspiel, als wirklicher Prediger befördert wurde; nachdem ich schon drey Jahr als Prediger-Gehülfe in der Gegend Gelegenheit gehabt hatte, mich von dem Zustande unserer niedern Dorfschulen in der Nähe zu unterrichten. Schon als Gehülfe blutete mir oft das Herz, wenn ich auf einem verstohlenem Spaziergange, um dem Verdacht der Neuerungssucht zu entgehen, in geheim die Dorfschule besuchte, und die zwecklose, schiefe, verstandlose Behandlung dieser armen Kinder ansah, die ich so herzlich, so aufrichtig, so brüderlich liebte, und die jetzt noch in Jahren der Unschuld lebten, wo der Saamen des göttlichen Worts noch am ersten Eindrücke auf ihre Herzen machen konnte. Gern hätte ich einige zweckmäßige Abänderungen getroffen, aber ich durfte — ich konnte nicht. Nichts war mir also mein herzlicheret Wunsch, als daß mir die weise Vorsehung ein Plätzchen anweisen möchte, wo ich ungestört der Neigung meines Herzens folgen, und durch Verbesserung der Schule für die Verbesserung der erwachsenen Christen möchte sorgen können. Mein Wunsch ward erfüllt, und die Vorsehung führte mich gerade an einen Ort, wo diese Verbesserung der Schulen um so nöthiger war. — Die Schulen in meinem Kirchspiel lagen mir gleich bey dem Antritte meines Amts am mehresten in Gedanken. Der erste Schulbesuch entlockte meinen Augen ein-

ge

ge Thränen *). Man dachte weder an gesunde und frische Luft, noch an Reinlichkeit der Kinder, noch wie man sie auf eine leichte und ihren Fähigkeiten angemessene Art unterrichten möchte. Noch war die Schule und die Lehrart, und die Bücher in allem so, wie sie etwa vor hundert Jahren gewesen seyn mochten. Die Schule sollte des Morgens um 8 Uhr, im Winter, ihren Anfang nehmen. Das eine Kind kam um halb 8, das andere um 8, das dritte um halb 9 Uhr. Jedes erschien nach seinem Gefallen; blieb auch wol ohne alle Anzeige nach Gutdünken ganz weg; an Ordnung aber war bey keinem Geschäffte zu denken. Man betete beim Anfang der Schule über dreizehen seyn sollender Gebete, Bußpsalmen, Heidelbergische Fragen u. dgl. von denen die Kinder keine Begriffe hatten. Das oberste Kind fieng das Geplappere an; das folgende nahm ihm die Beschäfftigung in aller Eil ab, und so giengs fort, bis alles, was der Schulmeister in seiner Jugend mochte gelernt haben, abgeleiert war, das Blut Christi, ein Hilf Gott, und die jungen Raben nicht zu vergessen. Der Schulmeister

*) Wir haben hier keinen Seminaristen; wo diese angestellt sind, ist fast alles besser und wird es durch sie noch werden, wenn wir erst mehrere gut gebildete Seminaristen aus dem zu Kassel angelegten Schulmeister-Seminario werden aufs Land erhalten haben.

meister wandelte dabey, ohne alle Andacht mit dem Scipio in der Hand, in der Stube auf und ab, und erzwang zuweilen mit demselben äusseren Anstand. Nach dieser Uebung gieng das Lesen an. Jedes Kind erhub sich von seiner Stelle, trat vor den Schulmeister und sagte sein Stückchen auf. Unter dem Aufsagen der Kinder war ein immerwährendes Aus- und Einlaufen der andern. Jedem Kinde, deren einige 30 in der hiesigen Schule sind, trug es zum Ansagen, von 2½ Stunde, höchstens 4½ Minute. Im Sommer wurde gar keine Schule gehalten, oder doch gerade zur unrechten Tageszeit, in der größten Wärme des Mittags. Die kleinen Kinder sahen im Winter leichenähnlich aus, waren matt, träge, schläfrig und hatten einen Abscheu vor der Schule. Das kam daher, sie konnten das stundenlange Sitzen in aller Unthätigkeit, in einer dunstvollen Stube, nicht vertragen. —

Wo sollte ich nun zu verbessern anfangen? am Schulmeister, oder an der Schule? Beides war nöthig, und doch durfte ich es nicht vergessen, daß ich mich einem Ungeheuer, Gewohnheit, entgegensetzen würde, das ein Mann liebte, dessen Vettern, Baasen, Schwägern und Gevattern das ganze Dorf waren. Uebersehn durfte ich es nicht, daß ich ein Uebel verbessern wollte, das man aus Behaglichkeit liebte, und worauf man nicht blos stolz war, sondern das man sogar als christliche
Reli-

Religion! ansahe, und mit deſſen Ausrottung man dieſe ſelbſt für ausgerottet halten würde. Meine erſte Bemühung gieng alſo dahin, den Schulmeiſter von meiner Achtung gegen ihn und ſein ſchweres Amt, bey meinen öftern Schulbeſuchen zu überzeugen. Dann gab ich ihm einige zweckmäßige Bücher in die Hände, und unterredete mich mündlich mit ihm über ihren Inhalt. Nun erſt ſchlug ich ihm vor, wir wollten einmal den Verſuch machen, ob er nicht mit weniger Mühe die Kinder dennoch beſſer würde unterrichten können, wenn er die Schule etwa in vier Klaſſen theilen würde. Man machte viele Schwierigkeiten, und lange blieb mein Bitten und Zureden vergeblich, ja, man ſahe dieſe Eintheilung als eine völlige Unmöglichkeit an. Endlich rechnete ich dem Schulmeiſter an den Fingern vor, daß nach ſeiner Art zu unterrichten, es jedem Kinde, von der ganzen Schule, nur wenig Minuten trage; und daß, wenn er mir folgte, jedes Kind doch wenigſtens, eine volle halbe Stunde mit andern zugleich unterrichtet würde; folglich auch mehr und beſſer lernen müſſe. Noch war der Mann nicht überzeugt; ich gieng alſo in die Schule, theilte die Kinder in 4 Klaſſen, und da ich einigemal zu ſeiner Belehrung ſelbſt Schule hielt, wurde er doch endlich überzeugt, und dankte mir, daß er mit weniger Mühe und Unbequemlichkeit die Kinder beſſer lehren könnte. Nun war nach dem Verlauf

Schulfreund, 4s Bdn.   J   ei-

eines ganzen Winters doch wenigstens ein glücklicher Anfang zur Verbesserung gemacht, und ich hatte den Vortheil, daß man sie nicht, wie Unwissenheit, Vorurtheile, Aberglauben, dazu sehr geneigt sind, für eine der Religion selbst nachtheilige Neuerung ansah. Den Sommer über konnte ich wenig thun, und den folgenden Winter führte ich nur einige zweckmäßige Gebete ein, und sah fleißig auf das Schreiben; doch suchte ich so nach und nach den Schulmeister zur wichtigern Verbesserung vorzubereiten, und so führte ich dennoch vor dem Ablauf des Winters das bekannte Noth- und Hülfsbüchlein in der Schule ein. Jetzt lag es mir nun mehr als ehemals am Herzen, die ganze Schule zweckmäßiger einzurichten, doch wagte ich es nicht diese Einrichtung so ganz für mich zu machen. Ich entwarf daher meinen Plan, schickte ihn an das Hochfürstliche Consistorium, und erhielt gnädige Genehmigung, meine gethane Vorschläge auszuführen *). Nach diesen Vorschlägen

ist

---

*) Ich halte es allerdings für Pflicht, daß der Prediger bey solchen Hauptveränderungen zuvor diese Erlaubniß einholt. Seine Vorschläge bekommen alsdenn das nöthige Gewicht, und werden eher ausgeführt; da man ohne dies sich leicht widersetzt, wie mir Beispiele bekannt sind †).

†) Doch sollte es nicht schwer werden, Fälle anzuführen, in denen, dem Himmel sey Dank, der Herr-

aus

ist die Einrichtung unserer Winterschule jetzt folgende: Die Schule nimmt des Morgens um 8 Uhr ihren Anfang, und dauert bis halb 11; des Mittags von 12 bis 2 Uhr. Damit die Kinder sich auf einmal mit mehr Ordnung versammlen, und der Schulmeister ohne unterbrochen zu werden, bald nach 8 Uhr anfangen kann, wird die Schulzeit mit einem kurzen Zeichen durch die Glocke angezeigt. — Die Uhr hörten vorhero nicht alle Kinder, und oft war sie, besonders im Winter, in der größten Unordnung. Dies Zeichen hört man nun im ganzen Dorfe, und es ist eine rechte Freude, wie die Kinder groß und klein aus ihren Häusern springen, wenn das Schulzeichen gegeben wird. Sobald sich die Kinder versammlet haben, wird ein Morgenlied aus unserm verbesserten Gesangbuche gesungen, welches Lied ihnen in einer andern Stunde erklärt wurde, damit sie mit Herz und Mund singen, und nicht verstandlos, wie klingende Schellen, ihre Stimme nur kreischend-widrig durch gewisse Töne stei-

ausgeber nicht ist, die ihm aber bekannt sind, wo dergleichen Anfragen das sicherste Mittel wären — daß Nichts zu Stande käme; da es also thunlicher gewesen wäre, im Stillen, ohne Aufsehen, so viel Gutes zu wirken, als möglich war. Ja, wenn nicht oft Einer — — Man wird mich verstehen?

A. d. H.

steigen und fallen lassen. Jetzt nimmt der Schulmeister die A, B, C-Schüler, oder die 4te Klasse zuerst vor, und unterrichtet sie bis 9; dann werden sie den Aeltern wiedergeschickt, damit ihnen die Schule nicht zum Ekel werde, noch ihre Gesundheit durch zu langes, unthätiges, selbst ihrem moralischen Charakter nachtheiliges Sitzen, auf einer Stelle, Schaden leide, noch der Schulmeister mit den größeren Kindern, durch jene zu oft unterbrochen, und auch der vielen und nachtheiligen Ausdünstungen weniger werden. Gerade diese Kinder dünsten am mehresten aus, sind am unreinlichsten, und können am wenigsten zum stundenlangen Stillesitzen und Zuhören genöthigt werden. Während daß sich der Schulmeister mit diesen Kleinen beschäfftigt, schreiben die Größern nach der kasselischen Vorschrift, und die übrigen müssen in ihren abgelegten A, B, C-Büchern mit nachsehen, und zuweilen verbessern. Wird aber etwas vorgenommen, das auch für diese kleinen Kinder verständlich und nützlich ist, so macht damit der Schulmeister den Anfang, und sie hören dann mit zu. Die Lektionen sind auf alle Tage nach einer vorgeschriebenen Ordnung, folgende:

Montags Morgens werden die Größern über die gestrige Predigt katechisirt, und die vornehmsten Stellen der wichtigsten Religionswahrheiten ihrem Verstande und Gedächtnisse eingeprägt; dann lesen die andern in ihrem Katechismus,

und

und diejenigen Worte, welche diese unrichtig lesen, verbessern jene; buchstabiren sie auch ohne Buch aus dem Kopfe, und werden auf die zu gebrauchende Buchstaben aufmerksam gemacht. Dies letztere ist eine vortreffliche Vorbereitung zum Rechtschreiben. Nun fürchte ich nicht, daß in der Folge eins von diesen Kindern, anstatt schnell, schäl schreibe, wie ich noch neulich den Fall hatte, wenn sie als Männer etwa ein solches Wort schreiben wollen. Die Kinder konnten wol in Büchern zur Noth buchstabiren, aber nicht im Kopfe, oder bey der Feder.

Montags und Donnerstags Mittags werden die Kinder im Aufschlagen der biblischen Beweisstellen geübt, und mit dem Innhalte derselben, so viel möglich, bekannt gemacht; zugleich dient diese Uebung auch zum Lesen lernen. Bey dem Unterricht der Konfirmanten und auch bey meinen öffentlichen Katechisationen, wurde mir der Unterricht eben dadurch sehr erschwert und verzögert, daß die Katechumenen, jung und alt, die Beweisstellen nicht aufschlagen konnten. Jetzt kann ich mehr in einer Stunde vornehmen, und unterrichte mit weniger Mühe, da die Katechumenen selbst mehr Lust zum Unterricht haben, als zuvor. Ich denke das ist genug zur Empfehlung dieser Uebung; besonders, da ich nur erzählen, nicht beweisen, nicht belehren will. Die übrigen Kinder lernen denn noch einige Liederverse auswendig und lesen im Gesangbuche solche Lieder, die sie singen, oder auswendig lernen sollten, oder erklärt werden müssen.

Dienstags und Freytags Morgens werden der kleine Katechismus, die 5 Hauptstücke mit ihren Erklärungen gelernt und ausgesuchte Bibelstellen gelesen. — Das Lesen der Bibel halte ich bis jetzt noch immer für zweckmäßig, nur kann ich mich doch nicht überreden, daß das Lesen der ganzen Bibel, in der Ordnung, für solche Kinder nützlich seyn würde; im Gegentheil, dünkt mich, es sey nachtheilig, wenn sie die Bibel in der Ordnung lesen, und dann solche Stellen überschlagen werden müssen, die von Zeugung, Beischlaf, Schwangerschaft u. dgl. handeln. Den Gang der Vorsehung, und was dahin gehört, können Kinder in solchen Schulen, von solchen Männern, doch nicht lernen; das ist meines Erachtens ein Geschäffte, das das Nachdenken eines wohl unterrichteten erwachsenen Christen erfordert. Man lasse also lieber die Kinder, in der Bibel selbst nur solche Stellen lesen, die man ihnen leicht verständlich machen kann; die sie mit Gott und ihren Pflichten bekannt machen, und ihnen Achtung und Vorliebe für die Bibel einpflanzen. Zu dem Ende habe ich solche Stellen ausgesucht, sie dem Schulmeister mit den nöthigen Winken angemerkt, und nur diese werden in der Bibel selbst von den Kindern aufgeschlagen, gelesen und ihnen erklärt — so gut als möglich, muß ich hinzusetzen.

Diens

Dienstags und Freytags Nachmittags ist Schreib- und Rechenstunde. Jedes Kind wird da nach seinem Alter und Fähigkeiten geübt; auch diktirt der Schulmeister den Größern, die er jetzt zuletzt vornimmt, wann die übrigen entlassen sind, Briefe, Kontrakte, Rechnungen u. dgl. wie sie im Leben des niedern Landmanns vorkommen. Man legt ihnen auch wol geschriebene Aufsätze vor, und lehrt sie, was jetzt nur wenig Bauern verstehen, geschriebene Sachen lesen. Was hilft mich das Schreiben, wenn ich nicht lesen kann, was mir andere durch die Feder bekannt machen wollen? Das war bis dahin, und ist noch in vielen Dorfschulen der Fall. Die bibliblische Geschichten, welche am Morgen gelesen wurden, werden jetzt aus dem Gedächtniß vom Schulmeister, dann den Kindern, wiederholt. Hierdurch habe ich bemerkt, lernen die Kinder sich ausdrücken, lernen Worte, und es geht dann leichter mit dem Katechisiren. Jetzt verstehen uns wohl die Katechumenen; da sie aber nur die von ihren Aeltern, ihren Beruf betreffende Worte gehört haben, so fehlte es ihnen in der That an Worten, ihre Empfindungen auszudrücken, das macht sie denn furchtsam und ganz schweigend; der Prediger wird darüber ungeduldig, verdrießlich und nun richtet er bey seinen Katechisationen gar nichts aus. Er muß dann entweder fragen und antworten zugleich, oder seine Fragen so einrichten, daß sie mit ja und nein beantwortet werden können; und das taugt nicht.

Mittwochen und Sonnabends Morgens wird gleich nach dem Gebete — denn jetzt wird gebetet und kein Morgenlied gesungen, theils um dadurch Abwechselung zu unterhalten, theils weil hernach die Kinder im Singen besonders noch geübt werden — das Noth- und Hülfsbüchlein gelesen, erklärt, und dem Gedächtniß der Kinder eingeprägt, und Singstunde gehalten.

Am Ende der Winterschule, wird auf einen vom Prediger bestimmten Tag, im Beiseyn des Presbyteriums, eine feierliche Prüfung mit den Kindern angestellt, und der Prediger nennt die Stücke zur Prüfung, damit der Schulmeister sie nicht zum Betrug mit den Kindern verabreden kann. Man diktirt ihnen etwas in die Feder, läßt sie in der Schule schreiben. So könnte wol eine solche Prüfung nützlich seyn, da bis jetzt die mehresten Schulexamen, weil sie eine Betrügerey der Lehrer sind, die er mit den Kindern verabredet hat, mehr schaden als nutzen. Um nun desto richtiger zu urtheilen, ob die Kinder in der Winterschule zugenommen und in der Sommerschule abgenommen haben, wird ein gleiches Examen gleich beim Anfange der Winterschule angestellt. Ohne dem Schulmeister den Tag vorher zu sagen, geht der Prediger mit den Kirchenältesten in die Schule und prüft die Kinder. Der Schulmeister hält zu

dem

dem Ende vor jedem Examen ein Verzeichniß über die Schulkinder parat, das er dem Presbyterio vorlegt. Hiernach werden die Kinder untersucht, die Nachläßigen zur Besserung ermahnt, auch wol nach Befinden der Umstände bestraft, ihre Aeltern dann vor das Presbyterium geladen, wegen ihrer Kinder befragt, väterlich belehrt und ermahnt. Dies hat den Erfolg gehabt, daß jetzt ohne Noth gewiß kein Kind aus der Schule bleibt, und diejenigen, welche einen Tag versäumen müssen, kommen zu mir, bitten sich Erlaubniß aus, erhalten einen Zettel an den Schulmeister, und gehen dann erst an das Geschäffte, das ihnen ihre Aeltern aufgetragen haben. Durch dies Verzeichniß sowol, als durch jenes Erlaubnißbitten, werde ich in den Stand gesetzt, sowol die Kinder, als ihre Aeltern, richtiger zu beurtheilen, und kann vielen Mißbräuchen vorbeugen. Wird etwa ein Schulkind krank, so besucht es der Schulmeister oder ich selbst, und gebe ihm dadurch Beweise meiner Liebe.

Das Schema zum Verzeichniß der Schulkinder, das ich dem Schulmeister in die Hände gegeben habe, hat folgende Einrichtung:

Namen der Schulkinder, Knaben und Mädchen nach den 4 Klassen	Alter	Nahrung und Gewerbe der Aeltern	Reinlichkeit der Kinder	Betragen in der Schule	Schreiben	Rechnen	Schulversäumniß	Besondere Bemerkungen
1ste Klasse. Conrad N. N.	13½	Ein verausgebender Bauer	reinlich	aufmerksam	gut	Regula de Tri	gar nicht	Hat gute Anlagen, ist weichherzig
Peter N. N.	15	Taglöhner	ziemlich	gut	ziemlich	schlecht	ohne Erlaubniß	ist halsstarrig
Elisabetha N. u. s. w.	12½	ein reicher Bauer	könnte besser seyn	ziemlich	etwas	fängt an	sehr oft	ist eigensinnig
2te Klasse. Franz N. N.	11	Schneider	reinlich	nicht zum besten gut	gut	multiplicirt	eintzigemal	Es wird ihm alles leicht
Anna Catharina N. N.	11	der Schmied	reinlich	gut	fängt an	Ein mal Eins	nicht	gut Gedächtniß und bisher Gesicht

so die 3te und 4te Klasse, von jedem Kind, der Wahrheit gemäß, ohne Partheilichkeit.

Ein

Ein solches Verzeichniß kann uns am besten belehren, wenn wir es jedesmal mit dem vorigen vergleichen, ob die Kinder zu- oder abgenommen haben, und wie jeder nach Vermögen seine Kinder zum Guten, zur Reinlichkeit, Ordnung und Fleiß anhält. Läßt sich der reiche Bauer Fehler zu Schulden kommen, so kann man ihn zur Besserung beschämen, und mit dem Armen Nachsicht haben.

Es wäre aber wol gut, wenn der Prediger jedes Jahr, oder wenigstens bey den Schul- und Kirchen-Visitationen diese Verzeichnisse dem Superintendent oder Inspector mit den nöthigen Berichten vorlegen müßte; sie bekämen dann mehr Ansehn, und diese Vorsteher könnten alsdann auch richtiger und besser über die Ab- und Zunahme der Schulen urtheilen. — Wäre mein Aufsatz nicht schon über die Grenzen, die ich mir selbst gesetzt hatte; ich würde auch noch ein Wort von den Sommerschulen *) reden, und Ihnen meine Ge-

dan-

*) Dank dem würdigen so gern nützlichseynwollenden Manne, daß er auch davon uns Nachrichten gegeben hat, die in dem nächsten Bändchen abgedruckt werden sollen. Dergleichen instruktive Nachrichten sind, des wirklich gestifteten Guten wegen, wirksamere Ermunterungen, als sonst gründliche Belehrungen, aber — ins Weite!

d. H.

danken über dieselben für den deutschen Schul,
freund, der auch mein Freund ist, mittheilen.

Friedrich Rehm,
Prediger zu Immichenhain in der
Grafschaft Ziegenhain 1791.

X.
Nachricht von einer Landschule in Schwaben.

Man lasse sich in Schulsachen durch einen schwe,
ren Anfang nie abschrecken, redliche, von allen
Seiten geprüfte und als möglich erkannte Absichten
auszuführen. Im Jahr 1770 kam ich als Pa,
stor nach Schweindorf, einem der Reichsstadt
Nördlingen zugehörigem Dorfe. Seit einigen
Jahren waren daselbst viele Pfarrveränderungen
vergangen, die allerdings keinen günstigen Ein,
fluß auf die Dorfschule gehabt hatten. Im
Buchstabiren und Syllabiren herrschte ein so sin,
gender Ton, der jeden einzelnen Buchstaben so
lange ausdehnte, daß er so viel Zeit erforderte,
als ein ganzer Schlag in der Musik. Im Lesen
wurde auf die Interpunktion und Deklamation gar
nicht gesehen. Von 46 Kindern, so stark war da,
mals

mals die Anzahl der Schuljugend, malten, oder
eigentlich sudelten, nur 2 etwas auf das Papier
hin, das man Schreiben heissen sollte. Vom Rechnen wußte man gar nichts.

Die Dorfeinwohner waren in Sitten roh,
aber doch dem größesten Theile nach, gutmüthige
Leute. Dagegen schien mir der Schullehrer desto
unlenksamer zu seyn. Allein in Ansehung des
letztern Punkts irrete ich sehr. Jakob Mat-
thäus Günzler, so hieß dieser wackere Mann,
hatte viel Ehrliebe. Güte und Freundlichkeit rich-
teten bey ihm alles aus; nicht aber Strenge und
Hitze Er stund damals in einem Alter von bald
50 Jahren und war also, gegen mich gerechnet,
alt, diente auch schon viele Jahre als Schulmeister.

Der Gedanke, die Schule zu verbessern, war
Tag und Nacht in meiner Seele rege. Aber die
Ausführung dieses Gedankens schien mir schwer.
Die ersten Versuche fielen gar nicht so aus, wie ich
erwartet hatte. Doch dies schreckte mich so wenig
von meinem Vorsatz ab, daß ich vielmehr nur
desto rascher ihn wirklich zu machen suchte.

Fast täglich besuchte ich daher die Schule und
bemühete mich durch gute Worte und leutseliges
Betragen, Lehrer und Schüler so für mich zu ge-
winnen, daß ihnen meine Gegenwart nicht unangenehm war. Allemal, ehe ich die Schule verließ, las ich ein Stück aus der Bibel oder einem

andern

andern Buche laut vor. Ich bemerkte bald, daß der Schulmeister so begierig zuhörte, als die Kinder. Wenn er nach einiger Zeit in mein Haus kam: so gab ich ihm zuweilen ein Buch oder eine Zeitung, und bat ihn, mir das, was ich ihm anzeigte, vorzulesen, weil ich, wie ich vorschützte, jetzt nicht Zeit hätte. Er that es nicht nur willig, sondern ich erfuhr zu meiner Freude, daß meine Anweisung im Rechtlesen bey ihm, meiner Absicht, über mein Erwarten entsprach. Das Lob, das ich ihm deswegen gab, feuerte ihn noch mehr an. Und so wurde das Lesen in der Schule in kurzer Zeit, ganz ohne Zwang, um ein Merkliches verbessert.

Den Verstand und das Herz der Kinder zu bilden, hielt ich das Schreibenlernen für das kürzeste und sicherste Mittel, das ich damals in meiner Gewalt hatte. Doch mußte ich die Einwilligung der Aeltern dazu haben. Und diese waren gegen das Schreiben, aus Vorurtheilen, ganz eingenommen. Es gehöret ein eigener Gang dazu, dem Bauer so an das Herz zu kommen, daß man ihn dahin lenken kann, wohin man ihn gern lenken möchte. Ich machte davon einen Versuch bey einigen Aeltern in meiner Gemeine, in Ansehung des Schreibenlernens in der Schule, und — er gelang mir. In kurzer Zeit waren mehr als die Hälfte der Schule, Knaben und Mädchen, von Eifer belebt, das Schreiben zu lernen.

Ich

Ich brachte Vorschriften, von meiner Hand geschrieben, mit. Es waren meistens Auszüge aus den Schriften eines J. P. Millers, von Rochow, Weise, Böckhs, Schmalings u. a. m. Diese Vorschriften las ich zuerst selbst in öffentlicher Schule ab, oder ließ sie von dem Schulmeister ablesen. Nach diesem mußten sie von den Schulkindern gelesen — darüber ein kurzes Examen angestellt — das Nothwendige erläutert, und dann erst in der Schreibstunde und zu Hause abgeschrieben werden. Auf diesem Wege gelangte nach und nach die ganze Schule zu einiger Kenntniß in der Sittenlehre, Geschichte, Erdbeschreibung, Naturlehre und landwirthschaftlichen Kenntnissen. Auch der Schulmeister nahm freiwillig meine Vorschriften, schrieb sie für sich nach, und verbesserte seine Handschrift, so, daß sie seiner alten gar nicht mehr ähnlich war.

Noch fehlte das Rechnen. Darin war der brave Günzler ganz unwissend. Auf sein eigenes Verlangen gab ich ihm an Sonn- und Feiertagen Unterricht darin. Und in kurzer Zeit konnte er seine Lehrlinge bis in die Regel de tri führen.

Der edle Menschenfreund und gelehrte Herr Superintendent zu Nördlingen, Freyherr von Troeltsch, unser verehrungswürdiger Herr Inspektor, trug durch seine jährlichen Schulbesuche

sehr

sehr viel dazu bey, daß Lehrer und Schüler in diesen gemachten Fortschritten immer weiter kamen.

Nach zwölf Jahren verließ ich diese Schule, indem ich hierher befördert wurde. Einige Jahre nach meinem Abschiede starb ihr so rechtschaffener Lehrer. Der um unsere Vaterstadt und Vaterland hochverdiente Herr Burgermeister, Freyherr von Troeltsch, ein Bruder des erst gedachten Herrn Superintendent, mißkannte das Verdienst dieses Schulmannes nicht, und verfügte es, daß eine von den Günzlerischen Töchtern den Dienst nach ihres Vaters Tod erhielt, die sich hernach an einen zum Schulamte auch fähigen Manne verheirathete.

St. Moll, Pastor.
Nähenmemmingen bey Nördlingen, am
1sten Jenner, 1792.

XI.

XI.
Reichsstift-Neresheimische Schulordnung vom Jahr 1790. *)

Die gute Erziehung der Jugend ist ohnstreitig einer der wichtigsten Gegenstände obrigkeitlicher Vorsorgnisse. Die hiesige hochwürdig-gnädige Landesherrschaft kann also nicht umhin, für die Schulen ihrer angehörigen Ort- und Dorfschaften, nachstehende Ordnung zu entwerfen, und sie jedem Schulmeister zur treuen Befolgung zustellen zu lassen.

Ein-

---

*) Diese ganze Verordnung enthält so viel Vortreffliches, und die darin enthaltene Instruktionen zeugen alle von so vieler Sachkenntniß, und sind so ganz auf ächte Grundsätze einer gesunden Pädagogik gegründet, daß sie ja gewiß auch für protestantische Schullehrer Deutschlands — versteht sich mit Absonderung dessen, was für die Kirchengesellschaft ist — äusserst nützlich und belehrend seyn wird. Möchten doch viele protestantische Länder solche vernünftige Schulverordnungen aufzuweisen haben!!

d. H.

Einleitung. Von dem Amte und den Eigenschaften eines Schulmannes.

§. 1. Das Amt eines Schulmeisters ist ohne Zweifel eines der größesten und wichtigsten in der Gemeinde.

Da ihm eine zahlreiche Jugend zum Unterricht und zur Bildung des Verstandes sowol als des Herzens anvertrauet ist, daß er daraus für die Kirche Gottes und den weltlichen Staat gute Christen, rechtschaffne Bürger, und wahrhaft nützliche Glieder der menschlichen Gesellschaft erziehen soll: so muß er nicht nur allein selbst mit den, einem solchen Lehrer nöthigen Kenntnissen und Geschicklichkeiten bestens ausgerüstet, sondern auch sein ganzes Betragen muß so beschaffen seyn, daß es den Kindern zur beständigen Lehre und zum reizenden Beispiele der Rechtschaffenheit und Tugend dienen möge.

§. 2. Es hat sich also jeder Schulmeister in dem, was er die Kinder lehren muß, allererst selbst **vollkommen zu unterrichten**, und sich die beste Art, wie den Kindern der Unterricht beizubringen ist, recht bekannt und geläufig zu machen. *) — —

Sodann

---

*) Damit sich die alten Schulmeister auf dem Lande selber (?) bilden, und die ihnen nöthigen Kenntnisse und Geschicklichkeiten erwerben möchten: ist jedem der **große Felbiger** (des seligen Abts Felbigers Kinderbuch) vom Reichsstifte aus, angeschafft worden. — Dazu muß der
münd-

Sodann muß aus allem seinen Thun und Lassen — aus allen seinen Reden und Handlungen wahre Gottesfurcht, wahre Gottes- und Menschenliebe, wahre Religion und Tugend ohne Heucheley, hervorleuchten. — Insbesondere soll er sich nüchtern, sanftmüthig, geduldig, ruhig, freundschaftlich, ernsthaft, ohne mürrisch zu seyn, höflich, leutselig, aufrichtig und wahrheitliebend, uneigennützig, und überhaupt so betragen, daß er seines Amtes würdig, die Hochachtung der Gemeinde verdiene, und auf die ehrfurchtsvolle Liebe, auf kindliches Vertrauen und willigen Gehorsam seiner Schüler zählen dürfe.

§. 3. Nach dieser allgemeinen Schilderung eines guten Schullehrers folgen nun in drey Hauptstücken die b e s o n d e r n Vorschriften, an die sich unsere nachgeordneten Schulmeister auf dem Lande gewissenhaft zu halten, und ihren U n t e r r i c h t sowol, als ihr B e t r a g e n darnach einzurichten haben.

Erstes Hauptstück. Von den Lehrgegenständen.

§. 4. Die Gegenstände, worüber ein Schulmeister Unterricht zu ertheilen hat, sind folgende:

a) C h r i s t l i c h e L e h r e.

b) W o h l a n s t ä n d i g e L e b e n s a r t und g u t e S i t t e n.

c) Deutmündliche Unterricht und das öftere Vorzeigen eines Schulvisitators, oder sonst geübten Schulmannes kommen.

c) **Deutsche Sprachlehre.**

d) **Rechenkunst.**

e) **Klugheits- Gesundheits- Haushaltungslehre u. s. w.**

Von jedem dieser Gegenstände ist nachfolgendes zu wissen und zu beobachten.

§. 5. a) **Christliche Lehre.**

Zur christlichen Lehre gehört:

1) **Religionsgeschichte.**

2) **Christ(katholische) Glaubens-** und

3) **Sittenlehre.**

Die hierzu nöthigen, und für jede Klasse der Kinder tauglichen Bücher, sind bereits gedruckt, und unter die Schulmeister sowol als Kinder vertheilt. Auch hat in Betreff dieses Punktes das Hauptsächliche und Meiste der Herr Pfarrer des Orts zu besorgen; weil jedoch dieses nicht jedesmal geschehen kann, und der Schulmeister wenigstens bald vorbereiten, bald wiederholen muß, was vom Geistlichen in der christlichen Lehre vorgetragen wird, so hat er nun seinerseits vor allem darauf zu sehen, daß die Kinder nicht blos die Worte des Katechismus, und solchen überhaupt auch nicht eher auswendig lernen, als sie die Sache verstehen, und wissen, wovon die Rede ist. — Der Schulmeister muß sich also alle Mühe geben, jeden Gegenstand, über den er Religionsunterricht ertheilt, den Kindern recht deutlich vorzustellen, ihnen jede Frage und Antwort,

wort, jeden Satz, ja, jedes ihrem Verstande dunkle Wort, so viel in seinen Kräften ist, zu erklären, und besonders durch Beispiele und schickliche Gleichnisse faßlich zu machen. — Dadurch wird das Auswendiglernen ungemein erleichtert, und die Kinder haben wahren Nutzen vom Lernen; die heilsamen Religionskenntnisse werden nicht blos Maschinenmäßig ihrem Gedächtnisse eingeprägt; sondern (was Hauptsache ist!) der Verstand und das Herz nehmen Theil daran, und jedes Kind muß dadurch aufgeklärter, weiser und besser werden. — Der Schulmeister soll daher bey diesem Unterrichte nicht eilen, er soll nicht so fest darauf sehen, wie viel seine Kinder lernen, als wie gut sie es können, was er lehrt. *)

Hauptsächlich hat er sich in dieser Sache an den Herrn Pfarrer anzuschließen, von dessen Einsichten, Eifer und Liebe wir uns versehen, daß er ihm in einer so wichtigen Angelegenheit — unsern landesväterlichen Gesinnungen und Verordnungen gemäß, an die Hand gehen, und mit vereinten Kräften das allgemeine Beste besorgen werde. — Uns bleibt nur noch übrig zu bemerken:

1) Bey Erklärung der Christ (katholischen) Glaubenslehre soll er sich aller Lieblosig-

*) Wie vortrefflich dies alles! und wie könnte es besser gesagt werden!

d. H.

loſigkeit, alles Schimpfens und Schmähens gegen Irr- und Ungläubige, z. B. gegen Luthera-ner, Juden ꝛc. ſorgfältig enthalten; — ſoll es von keinem ſeiner Kinder leiden, mit Verachtung und Verdammungsſucht von Menſchen zu reden, die einer andern Religionslehre beipflichten, als welcher wir zugethan ſind; ſoll ihnen auf den Fall, wenn ſie einmal groß werden, das Disputiren mit Glaubensgegnern, als eine für ſie ganz unſchickliche und gefährliche Sache, aufs ſchärfſte unterſagen, und überhaupt dieſen ächt chriſtlichen Grundſatz allen recht nahe ans Herz legen. *)

Man muß den Irrthum, die falſche Lehre verabſcheuen, aber nie den Menſchen, der ihr anhängt, verdammen, nie darum lieblos und grauſam gegen ihn verfahren; — Er iſt Gottes Bild, iſt unſer Nächſter, er iſt meiſtens auch Chriſt, wie wir; ja! er kann unſchuldig irren, kann in dieſem Falle gar wol gerechter und angenehmer vor Gott ſeyn, als der Rechtgläubige, beſonders jener iſt, der ſtolz auf ſeinen Glauben iſt, und keine Tugend hat. **) — Wenn er end-

lich

---

*) Das ſind doch wahrlich ehrenvolle Fortſchritte unſerer katholiſchen Brüder, in vernünftiger, chriſtlicher, freier Denkart und Duldung.
d. H.

**) Goldne Wahrheiten!! Wie Mancher ſucht den Mangel an Sittlichkeit und Tugend durch Rechtgläubigkeit zu erſetzen!!
d. H.

lich auch aus eigener Schuld, und mit Bosheit irren sollte, so verdient er doch wie ein anderer Sünder von uns Sündern vielmehr Mitleiden und Gebet, als Verachtung und Spott. —

Diese Grundsätze einer wahren christlichen Duldung wollen wir, daß sie der Jugend mit allem Eifer eingeprägt, und in ihr bestärkt werden.

2) In Ansehung der christlichen Sittenlehre soll hauptsächlich darauf gesehen werden, daß den Kindern unsere Pflichten gegen Gott, gegen uns selbst und den Nebenmenschen, gegen Staat und Kirche ja nicht als eine drückende Last vorgestellt, und nur mit Bedrohung ewiger Strafen eingeschärft werden; sondern man soll sie ihnen im Geiste des Evangeliums, als ein süßes Joch und eine leichte Bürde empfelen. — Man soll das Angenehme, das Nothwendige und Nützliche derselben bey jeder Gelegenheit zeigen, und sie recht vollkommen zu überzeugen suchen, daß uns Gott diese Pflichten nicht als Herrscher um seinet- sondern als Vater um unsertwillen, blos deswegen vorgeschrieben habe, damit wir durch ihre treue Erfüllung recht vergnügt und glücklich auf Erden leben, ruhig sterben, und Kinder der ewigen Freude und Seligkeit werden können, — da uns im Gegentheil die Hintansetzung, die Nichterfüllung derselben, misvergnügt, elend und unglücklich an Leib

und

und Seele, für Zeit und Ewigkeit machen muß. *) —

Diese Vorstellungen werden aus dem zarten Herzen der Jugend die übertriebene knechtische Furcht Gottes in eine kindliche verwandeln; werden den so sehr mangelnden Geist der Liebe und des zuthätigen Kindersinns gegen Gott, den besten Vater, und Jesum Christum seinen Sohn erwecken, und die gewissenhafteste Erfüllung seiner Gebote nicht zur widerwärtigen beschwerlichen Last, sondern zum angenehmsten Geschäffte machen.

3) Was die Gegenstände der christlichen Sittenlehre betrifft, so sind dieselben insgesammt in dem eigends hiezu verfertigten Lehrbuche ausführlich enthalten. — Nur wollen wir noch ermahnen, daß der Schulmeister bey den **Pflichten gegen Gott, keinen Aberglauben, keine Andächteley,** sondern wahre Frömmigkeit empfehle — bey den **Pflichten gegen den Nächsten** auf eine **allgemeine werkthätige Liebe** bringe — und unter den **Pflichten gegen uns selbst,** als die erste oben an setzen soll, daß sich der Mensch nicht durch Unwissenheit und Laster verderbe, sondern

---

*) Sollt' es wol bedürfen, auf solche treffliche Stellen noch den Leser aufmerksam zu machen! Und so der ganze Geist, der durchgängig in dieser Verordnung herrscht!

d. h.

dern vielmehr aller Mühe ungeachtet, täglich wei≠
ser und besser zu werden suchen müsse.

Man kann daher die Jugend auch nicht genug
vor dem Fluchen und Lästern, vor Haß, Feindschaft
und Uebelwünschen, vor Betrug, Lügen, Verläum=
den und Ohrenblasen; vor Diebstahl und Unkeusch=
heit, vor Trunkenheit, Spielsucht und Faulheit,
warnen; — und ihnen dagegen jene Tugenden
empfehlen, welche Gott am gefälligsten und der
menschlichen Gesellschaft am nützlichsten sind, z. B.
wahre Andacht und Gottesfurcht, willigen Gehor=
sam gegen geistliche und weltliche Obrigkeiten, Friede
und Einigkeit, Treue und Redlichkeit, Uneigen=
nützigkeit, Ehrbarkeit und Schamhaftigkeit, Mäs=
sigkeit, Arbeitsamkeit, Sparsamkeit u. dgl.

4) Vom Gebete der Kinder, als einem
Haupttheile der Sittenlehre und des christlichen Le=
bens finden wir folgendes zu bemerken:

Da die Gefühllosigkeit beim Beten unstreitig
daher kömmt, weil man uns als Kinder zum Be=
ten oder Hersagen der Gebete angehalten hat, ehe
wir noch selbige verstehen gelernt hatten; so soll
jeder Schulmeister das Gebet, welches die Kinder
lernen oder nachsprechen müssen, allererst erklären,
ihr Herz dazu rege machen, und ihnen die wichtige
Ueberzeugung einprägen, daß sie wirklich zu Gott
reden, und mithin mit Ehrfurcht, andächtig, auf=

merk=

merksam und vertraulich, wie gute Kinder zu ihrem lieben Vater sprechen müssen.

Weil die Kinder die gewöhnlichen Gebete, als das Vater unser, den englischen Gruß, das apostolische Glaubensbekenntniß, ja selbst das Kreuzzeichen *) sehr oft zu Hause fehlerhaft von den Aeltern lernen, die Wörter nur halb und gebrochen, oder gar falsch aussprechen, und dadurch die Gebetsformel noch unverständlicher für sich machen; so soll der Schulmeister mit allem Fleiße solche Fehler zu verbessern suchen, und die Kinder jedesmal zu einem langsamen, deutlichen und verständigen Gebete anhalten.

Ihm, dem Schulmeister wird auch aufgetragen, dafür zu sorgen, daß die Kinder einen guten Morgen- und Abendsegen, ein zweckmäßiges Tischgebet u. s. w. erlernen; — vorzüglich soll er darauf dringen, daß sie mehrere gute, lehrreiche Sittensprüche ihrem Verstande und Gedächtniß einprägen, und sich derselben von Zeit zu Zeit bey jedem Vorfalle des Lebens, auch unter der Arbeit ꝛc. auf Art der sogenannten Schlußgebete, wohl zu bedienen wissen **).

Selbst

---

*) Man vergesse nicht, daß die Verordnung für katholische Schullehrer ist.
d. H.

**) Im Gebetbuch für Kinder, das man nächstens zum Drucke

Selbst aus dem Gebetbuche soll der Schulmeister seine Jugend mit Theilnehmung des Herzens, d. i. mit Verstand und Empfindung, beten lehren, welches auch dadurch geschieht, wenn er ihnen solche Gebete, die jedesmal leicht, verständlich und nicht so lang seyn müssen, mit Affekte (Nachdruck) und rührender Stimme selbst vorbetet, oder durch ein Kind, das im Lesen wohl geübt ist, gut vorbeten läßt.

Die sonst gewöhnlichen alten alberne und unverständlichen Gebetbücher eines Martin Cochem, der Himmelsschlüssel u. dgl. sollen bey Kindern durchaus nicht geduldet werden; man wird selbige von Zeit zu Zeit mit bessern versehen.

(Die Fortsetzung künftig.)

Drucke befördern wird, soll auch für dieses Bedürfniß gesorgt werden. — †)

†) Ein wahres Bedürfniß auch für protestantische Volksschulen. S. oben: die Bitte eines Schullehrers in diesem Bändchen. S. 74

U. d. H.

XII.
Schulneuigkeiten.

1) Herzogl. Würtemberg., neuestes Synodal-Rescript *), im Auszug, Stuttgard den 6ten Dec. 1791.

Bey dem heutigen Synodus ersah man, daß der Wohlstand bey Kirchen und Schulen mehr zu- als abgenommen. Diesen Wohlstand immer mehr wachsen zu sehen, ist unser einziger Wunsch; denselben, so viel menschliche Anstalten beizutragen vermögen, zu dem möglich höchsten Grad zu bringen, unser eifrigstes Bestreben. —

Was nun den Zustand der Schulen in Unsern Herzoglichen Landen betrifft, so haben Wir aus den eingekommenen diesjährigen Pastoralrelationen mit gnädigstem Wohlgefallen ersehen, daß mehrere Schulmeister sich rühmlichst bemüht haben, nicht nur ihre Schulen, von denen sich wirklich einige vorzüglich ausgezeichnet haben, in immer bessern Zustand zu bringen, sondern auch durch Lesung guter neuer Schulbücher ihre eigene Kenntnisse zu erweitern. Da nun

10)

*) S. Journ. v. u. f. Deutschland, 1791. II. St. S. 980.

10) alles daran gelegen ist, mehrere solcher Schulmeister nachzuziehen, und wo möglich lauter brauchbare Lehrer zu bilden, und hiebey so viel daru auf ankommt, wie ein dem Schulwesen sich widmendes Subjekt gleich von vorne an dazu eingeleitet und fortgeführt wird; so wollen Wir hiemit gnädigst verordnet haben, daß kein Schulmeister, ohne Vorwissen seines, ihm vorgesetzten Dekani, einen Jungen oder Lehrling zum Unterricht annehmen solle, und haben daher die Dekani sorgfältig darob zu wachen, daß nicht nur blos tüchtige Subjekte, sondern auch diese von bekannt und erprobt tüchtigen Schulmeistern (?) in Unterricht genommen werden.

Wie nun sämmtliche Dekani alle Schulmeister in ihrer Diöces genau kennen sollen, so versehen Wir Uns zu ihnen, daß sie selbst nicht einmal zugeben werden, daß ein untüchtiger Schulmeister seinen eignen Sohn als Lehrling bey sich behalte und in Unterricht nehme; da Wir auch wahrgenommen haben, daß oft Schulmeister, die wegen der großen Anzahl der Schulkinder einen ausgelernten Provisoren zu halten verbunden sind, oft nur an dessen Statt einen Lehrling aufstellen, und daher weder der Schule noch dem Lehrling geholfen ist, so sollen Dekani, sobald sie solches in Erfahrung bringen, ernstlich darauf dringen, daß neben dem Lehrling, der Vorschrift gemäß, ein ausgelernter, tüchtiger Provisor aufgestellt werde. Damit aber

11)

11) sowol Schulmeister als Provisoren bey dem leider nur zu oft blos maschinenmäßig erlernten Schulhalten nicht stehen bleiben, sondern auch ihre Kenntnisse weiter auszubreiten gereizt werden mögen; so versehen Wir Uns zu gewissenhaften, für das Wohl ihrer Schulen besorgten Kirchendienern, daß sie sich nicht entziehen werden, denselben liebreiche Anleitung zu Befolgung einer etwa bessern Lehrmethode, und besonders zu Erhaltung richtiger Religionsbegriffe zu geben, und sie zur Lesung nützlicher Schul- und Erziehungsschriften aufzumuntern.

Eine Lesegesellschaft würde zwar auch hier von großem Nutzen seyn; Wir sehen aber wol ein, daß die mäßige und zum Theil geringe Besoldungen der Schulmeister hiezu nicht hinreichen, und wollen daher uns blos darauf einschränken, den Dekanis hiemit gnädigst aufzugeben, daß sie bey den Kirchen- und Schulvisitationen, nicht nur ausdrücklich darnach fragen, ob die Schulmeister auch etwas lesen, sondern auch den vermöglichen Schulmeistern zusprechen sollen, daß sie sich selbst auch Schulbücher anschaffen, und ihren ärmern Nachbarn zum Lesen mittheilen; besonders aber würden Wir gnädigst gerne sehen, wenn an Orten, wo reiche und vermögliche pia Corpora sind, aus denselben von Zeit zu Zeit ein brauchbares Erziehungs- und Schulbuch zur Schule angeschafft, und somit den Schullehrern die Gelegenheit erleichtert würde, ihre

Kennt-

Kenntnisse zu vermehren und sie mit besserer Methode bekannt zu machen. Eine ganz fehlerhafte Lehrart ist es nun

12) unläugbar, daß noch so viele Schuldiener genug und alles gethan zu haben glauben, wenn sie ihre Schulkinder Sprüche, Gesänge, Psalmen, ganze Gebete, ja selbst die Kinderlehre auswendig lernen lassen, ohne sich darum zu bekümmern, ob die Kinder auch verstehen, was sie auswendig gelernt haben. So haben Wir besonders ungerne wahrgenommen, daß in manchen Schultabellen angezeigt worden, daß die Kinder neben den vielen Gesängen und Psalmen, auch noch die Kinderlehre oft größtentheils, oft ganz auswendig erlernt haben. Wie es nun niemalen unsere Absicht gewesen, daß das Gedächtniß der Kinder solchergestalt überladen werden solle, so wollen Wir anmit gnädigst verordnet haben, daß die Kinderlehre in den Schulen nur so traktirt werden solle, daß der Schulmeister etwa den Theil der Kinderlehre, der in der nächsten Katechisation abgehandelt wird, lesen und wieder lesen lasse, ihnen alsdann das Gelesene zergliedere und faßlich erkläre, und solchergestalt durch eingemischte mehrere Fragen, ihre Verstandskräfte zu schärfen suche. Wo aber einige Schulmeister hiezu nicht Fähigkeit genug haben, da versehen Wir Uns zu den Pfarrern, daß sie sich ernstlich bemühen werden, denselben die nöthige Anleitung dazu zu geben. Wir finden hiebey aber auch für nöthig,

um

um einem Mißverständniß vorzubeugen, hiemit zu erklären, daß Wir keinesweges verlangen, daß den Kindern gar nichts mehr zum Auswendiglernen aufgegeben werden solle, sondern, daß Wir es allerdings für gut finden, wenn man sie die vorzüglichsten Beweisstellen und Kernsprüche, auch Gesänge, und vorzüglich solche, welche Gebetweise eingerichtet sind, und sich dem Gedächtnisse am besten einprägen, wann ihnen solches alles vorher hinlänglich erklärt ist, auswendig lernen läßt. Unsere besten Absichten, die Schulen in immer mehrere Aufnahme und Flor zu bringen, werden aber

13) immerhin vereitelt bleiben, so lange die durch das ganze Land noch so häufig vorkommenden Schulversäumnisse fortwähren. Wie diesen Schulversäumnissen gesteuert werden solle, haben Wir bereits unterm 28. Nov. 1787 umständlich und bestimmt vorgeschrieben. Da nun aber meistentheils die Schulversäumnisse durch die Armuth der Aeltern entschuldigt werden wollen, daß sie theils ihre Kinder zur Arbeit brauchen, theils das Schulgeld nicht bezahlen können; so wollen Wir sämmtlichen Dekanen damit aufgegeben haben, mit den Ortsvorstehern dahin zu kommuniziren, daß nicht nur von den milden Stiftungen, wie schon unterm 24sten Okt. 1755 verordnet worden, sondern auch von den öffentlichen Kassen ins Mittel getreten, und den notorisch armen Aeltern das Schulgeld für

ihre

ihre Kinder bezahlt werden möge, und haben sie künftig am Rande der Relationen zu bemerken, ob hierunter von den Kommunen und Stiftungen etwas gethan werde. Daß aber in den deutschen Schulen

14) das Schön- und Rechtschreiben, auch Rechnen immer besser gehe, haben Wir aus den eingekommenen Probschriften gerne ersehen, dabey hingegen vermißt, daß den Schriften nicht allemal auch Rechnungsproben angehängt, und dabey das Alter des Schülers bemerkt war; und wollen daher verordnet haben, daß, wann Wir schon aus den künftig mit einzusehenden Schultabellen von allen Schülen, das Alter eines Schülers finden können, gleichwolen auf den Schriften von dem Schüler selbsten, unten der Tag und das Jahr seiner Geburt, oben aber auf den Rand von dem Schulmeister oder Provisor in Summa gesetzt werden solle, wie alt der Schüler sey. Neben der Vervollkommnung der ordinari Schulen ist uns auch

15) besonders viel daran gelegen, die angeordnete Sonntagsschulen aller Orten im Gang zu erhalten, und den Nutzen derselben noch mehr zu bestätigen. Hierzu aber ist nothwendig, daß sie nach der Vorschrift gehalten und von den Pfarrern fleißig besucht werden; weil nun aber mehrere Pfarrer in ihren Pfarrrelationen nicht bemerkt haben, ob sie auch die Sonntagsschulen visitiren, so sollen sie hinkünftig unfehlbar in ihren Relationen be-

Schulfreund, 4s Bdn.   L   stimmt

stimmt anzeigen, und die Dekanen bey den Kirchen-
visitationen sich darnach erkundigen, ob es geschehe,
und den Erfund am Rande ihres Berichts bemerken. Ob nun diese Sonntagsschulen die erwartete
gute Wirkung haben, muß sich

16) vorzüglich bey dem sogenannten jährlichen
Examen zeigen. Da nun aber die Sonntagsschulen nach ihrer Anordnung eigentlich die Bestimmung haben, daß mit den erwachsenen, ledigen
jungen Leuten, damit sie das, was sie in der Schule gelernt, nach dem Austritt aus derselben nicht
sogleich wieder vergessen, die vorgeschriebene Lehr-
aufgaben in denselben abgehandelt werden sollen,
mithin hier eigentlich auf die Schuljugend keine be-
stimmte Rücksicht genommen ist; so wünschten Wir
auch, daß alsdenn ebenmäßig das jährliche Examen
nur allein mit den ledigen jungen Leuten vorgenommen, und die eigentliche Schulkinder um so eher davon
weggelassen würden, als diese ohnehin noch zweimal des Jahrs visitirt werden, und dadurch nicht
nur Zeit, sondern auch für die Stiftungen eine
Ausgabe erspart würde, welche anderswo zum
Nutzen der Schulen besser angewendet werden könnte. Weilen aber hie und da, besonders an den jährlichen Examen austheilende Schulstiftungen vorhanden
seyn mögen, so wollen Wir den geistlichen und weltlichen Ortsvorstehern frey stellen, ob sie die Schulkinder weglassen, oder aber beibehalten wollen, in
welch letzterm Fall aber alsdann die Schulkinder in

be-

besondern Klassen vorgenommen werden sollen. Damit nun

17) die das Schulwesen betreffende Verordnungen und Synodalrezesse von den Schulmeistern
zuverläßiger befolgt werden mögen, und sich keiner
mit der Unwissenheit entschuldigen könne, wollen
Wir hiermit befohlen haben, daß zu allen Schulen
ein in Folio gebundenes Rezeßbuch angeschafft und
von den Schulmeistern alle ergangene Rezesse, die
Schulen betreffend, in dasselbe in der ganzen Aus-
dehnung eingeschrieben, und insbesondere mit dem
Rezeß vom Jahr 1787, der beinahe schon alles
dasjenige, was Wir hier der Schulen halben zu wiederholen Uns genöthigt gesehen haben, und noch
mehreres enthält, der Anfang gemacht werden solle.
Es haben daher nicht nur die Pfarrer, daß dieses
in Absicht auf das Vergangene wirklich geschehe,
zu sorgen, und für das Zukünftige, sobald sie die
ergangene Synodalrezesse durch das Dekanat-Amt-
liche Ausschreiben erhalten, und in ihre Pastoralre-
zeßbücher eingetragen haben, solche gleichbalden den
Schulmeistern zuzustellen, und sie anzuweisen, die
Schulrezesse unverweilt in das Schulrezeßbuch ein-
zutragen, sondern Wir versehen Uns auch zu den
Dekanen, daß sie bey den Kirchen- und Schulvisi-
tattonen auch das Schulrezeßbuch sich künftig vorlegen
lassen, und ob es in der Ordnung geführt werde,
sorgfältig untersuchen, und den Erfund am Rande

ihres

ihres Berichts bemerken werden. Da aber endlich und

18) die große Verschiedenheit der Lokalumstände Unsere Herzogliche Verordnungen nicht aller Orten gleich anwendbar macht, und oft das besondere Lokale eines Orts seine eigene Anordnung erfordert, so wollen Wir anmit sämmtliche Dekanen aufgerufen haben, daß sie, wenn sie bey der nöthigen Kenntniß der Lokalumstände ihrer Diöcesanorte ausführbare Vorschläge zur Verbesserung des Kirchlichen und Schulzustandes zu machen wissen, solche als Beilage ihrer Nachberichte, an die ihnen vorgesetzte Generalsuperintendenten einsenden, und durch diese an unseren Herzoglichen Synodum gelangen lassen sollen. Diese unsere Generalverordnung wollet Ihr, die Generalsuperintendenten, nunmehro auf dem gewöhnlichen Wege bekannt machen, und selbst alle Sorge tragen, daß sowol diese als die ältere Verordnungen genauest befolgt, und so viel möglich gute Ordnung erhalten und allen Mißbräuchen, Irrthümern und Aergernissen gesteuert werden möge.

2. Kinderfest zu Ehrsten im Hessen-Cassselschen Amt Wolfhagen, gefeiert den 24. Jul. 1791. *)

Herr Pfarrer C. W. Amelung der jüngere, zu Ehrsten, hatte die Schulkinder dieses Dorfes zu der Anlegung einer Baumschule, durch ihren eigenen Fleiß und ihre Arbeit allein, so zu ermuntern gewußt, daß beides der Lehrer und die Kinder durch die Bekanntmachung des Herrn Landrath Wolf von Gudenberg, die Aufmerksamkeit der Fürstl. Gesellschaft des Ackerbaues auf sich zogen. Sie ertheilte also dem Hrn. Pfarrer eine Denkmünze für sich, und für die Kinder (10 Rthl.) zu einem Fest im laufenden Sommer. Dies nunmehr gefeierte Fest verdient eine Bekanntmachung, da alles, was man als Freude und Vergnügen dabey sah, reiner und warmer Ausdruck eines unverdorbenen, unschuldigen und schönen Gefühls war. Blicke in den Kreis und in die Reihen dieser Kinder gethan, ihre Andacht im Kreise, den sie um ihren vor dem Altar stehenden lieben Pfarrer machten, ihre Erhebung der Stimme bey dem Gesang, ihr lautes Ja, das Gehorsam gegen ihre Aeltern und ferneren Fleiß versprach, die Reihen, in

*) S. Journ. v. u. f. Deutschland, 1791. 7. Stck. S. 586.

welchen Knaben und Mädgens Arm an Arm nach ihrer Baumschule zogen, ihr Rückzug zum Ort ihres festlichen Tanzes, der Genuß der ihnen gegebenen Kringeln und des Weins — war alles so beschaffen, daß bey dem gefühlvollen und denkenden Zuschauer der Gedanke aufstieg: Guter Gott! was könnte man aus deinen Menschen — Fürsten! was könntet ihr, als Väter, aus eurem Volke machen! — Mit den Kindern, Bauerjungen und Mädgen müßte freilich angefangen werden: aber auch die Freudenminen und zum Theil Thränen der Aeltern sagten mir und andern hier sehr stark: Gewiß sind wir Bauern, die wir für den Fürsten und alle Stände als Bauern ackern, als Soldaten fechten, gewiß treue gute Menschen, wenn mans uns nur durch Güte, Gnade und Hülfe empfinden läßt, daß wir — Menschen sind, über das Pferd und den Ochsen am Pflug, am Wagen, durch den Allvater der Menschen, die dann doch nur alle seine Kinder, folglich Brüder sind, erhaben, als freilich der Fürst über alle, und ein Stand über den andern; und daß wir auch eines gewissen Glücks werth wären.

Den 19ten Juli wurde den guten Kindern in der Schule angezeigt, daß, und wie, den Sonntag, als den 24sten, ihr Fest nach einer Einrichtung und Ordnung sollte gehalten werden, die man ihnen bekannt machte. Ganz war nun die Woche für sie schon Freude. Ihr guter Schulmeister J. J. Strecker, hörte aufs freundschaftlichste jede Frage

Frage an, die sie täglich an ihn thaten, und gemeinschaftlich einmüthig gefaßte Schlüsse, verdoppelten sie mit jedem Tage mehr für das, was ich oben von ihnen sagte. Den Sonntag Morgen, der nun zu ihrer sichtbaren Freude, und das bey der herrlichen Witterung, endlich kam, wurden in der Morgenpredigt die Aeltern gebeten, in der Kirche Nachmittags, und den ganzen Tag mit der nöthigen Aufmerksamkeit an den Freuden ihrer Kinder Theil zu nehmen. Vor der um 2 Uhr bestimmten Eröffnung des für das Fest ganz eingerichteten Gottesdienstes, faßte die Kirche schon nicht alle Zuschauer; viele mußten auf dem Hofe stehen: denn die Einwohner der benachbarten Dörfer waren Haufenweise gekommen. Welch ein seliger Anblick! Bey Freuden, die der verwöhnten Stadt wol zu klein scheinen möchten, ein bey so Wenigem in sich so vergnügtes Volk zu sehen! Wer im Vaterlande einen Federstrich, ein gutes Wort, ein gnädiges Ja, eine unterstützende Hülfe fürs Glück und die Freude des Landvolks beitragen kann, um Gottes- und — um unserer Zeiten willen! — der thue es!!! Und o! wer wollte nicht wollen, wenn der Fürst will — und nur durch einen zufriedenen, also ohne Seufzen und Mangel arbeitenden Unterthanen, ist ein Fürst reich und groß, denn ist er geliebt. Der angeführte Herr Landrath, und der beständige Hr. Sekretär der Gesellschaft, der Rath Casparson, waren auch gegenwärtig, und junge Leute von allerley Ständen, deren

ren Väter und Mütter, nicht ohne Thränen der Freuden blieben. Aber ihre Gegenwart empfanden auch die Aeltern unserer Kinder, wie sie selbst. Knaben und Mädchen hatten sich so reinlich als möglich gekleidet, bäurisch gut und schön waren die Hüthe mit Blumen und Bändern geschmückt, auch dergleichen über die Schultern; die Mädchen hatten mit beiden ihre Haare durchflochten. — Der Zug gieng um 2 Uhr in die Kirche, und wurde Nro. 434; aus dem gemeinen Gesangbuche mit feierlicher Inbrunst gesungen. Herr Pfarrer Amelung, der Sohn, trat vor den Altar; um solchen herum stunden die 50 Kinder des Festes; auf beiden Seiten die Geschenke für sie, in Körben. Es wurde keine Predigt gehalten, denn auch die beste, nach dem gewöhnlichen Zuschnitt über irgend einen Text und Hauptsatz mit seinen Theilen, würde dem Gefühl der Zuhörer Eintrag gethan haben: nein, sondern eine blose Anrede an die Aeltern und Kinder, griff gleich Anfangs dem Volke ins Herz, und benutzte die Feierlichkeit, den Aeltern der Kinder zu sagen: das Vergnügen dieses Tages lehre sie schon, daß alles, was Menschenglück heisse, in sofern der Mensch dies, und jenseit des Grabes sich solches durch Gottesfurcht, Treue in seinem Berufe, Fleis in seinen Arbeiten, Gehorsam gegen seinen Fürsten und Obrigkeit, und Liebe des Nächsten, auch Wohlthätigkeit gegen Andere, selbst verschaffen könne und müsse, hänge von einer vernünftigen, christlichen

Er-

Erziehung und Bildung der Kinder ab. Diese empfal ihnen der junge Mann so, daß er als der rechtschaffenste und treueste Vater nicht stärker und wärmer davon hätte sprechen können. Den Kindern sagte er bloß, daß er mit ihren Vätern und Müttern ihres Glücks wegen gesprochen habe; und da ihre Erziehung künftig sich darauf beziehen würde, so möchten sie ihm nur durch ein lautes Ja! Gehorsam gegen ihre Aeltern versprechen. So geschah dies letztere vielleicht noch in keiner Gemeine; ausser dem, bey der sogenannten Konfirmation; auch möchten mehrere Gelobungen dieser Art gut seyn; — ein Stück zu einer verbesserten Liturgie! Hierauf theilte er im Namen der Gesellschaft, mit Hülfe der Kirchenältesten, die Geschenke aus. Knaben und Mädchen, deren Verdienst um die Baumschule schon größer war, erhielten, jene Tücher; diese Bänder; und so wie sie, bekamen auch die andern, jedes Kind seinen gebacknen Kringel. Der Schulmeister sang darauf mit den Kindern allein aus dem im Entwurf des Hrn. Dr. und Prof. Pfeifers sich befindenden Liede am Schulfeste:

Ach, Vater! hör', hör' unser Flehen,
Laß unsern Fürsten, deinen Knecht!
Laß ihn im Glanz der Wahrheit sehen
Der wahren Weisheit Licht und
     Recht!
Laß Völkerglück sein Herz beleben;
Nur wohl zu thun sey seine Lust!

L 5   Laß

Laß deinen Frieden ihn umschweben;
Dein Geist erfülle seine Brust!
Ach! laß die Fülle aller Segen
Auf unserm Vaterlande ruhn;
Und jeden Bürger auf den Wegen
Der Wahrheit, seine Pflichten thun!
Der hohen Andacht Adlersflügel
Trägt unser Herz hinauf zu Gott.
Ertönt ihr Thäler, jauchzt ihr Hügel,
An unserm Fest! Gelobt sey Gott!

Groß sey die Seligkeit eines Gellerts, und noch jedes andern Dichters, der uns Lieder für die Herzen, besonders für Volksherzen verschaffte! Wahrheit und Tugend solchen dadurch fühlbar zu machen, ist mehr, als Glauben gelehrt predigen, und Glauben ohne Gefühl; im Buche laß ich das gelten. Es wurde blos der Segen gesprochen; vor der Kirche wurden die Kinder mit Ernst und Würde von einer Musik empfangen, und hatten sich bald paarweise in Reihen gestellt. Vor dem Zuge her gieng ein größerer Knabe, trug an einem mit Band umwundenen Stabe ein durch allerley Früchte geziertes Bäumchen; Natur und Kunst, eins durch andere verschönert, als das Sinnbild des von ihnen in der Baumschule einst Früchte tragenden Fleißes. Ihm zur Seite giengen zwey Mädchen, mit bebänderten Stäben in ihren Händen, und zwey Fahnen. Auf der einen Fahne war die Aufschrift: Es lebe die Gesellschaft des Ackerbaues

es und der Künste! Auf der andern die Worte: Unser aufrichtigster Dank dafür sey Redlichkeit und Fleis!

Auf sie folgte die Musik; dann die Knaben, welche Tücher, und die Mädchen, welche Bänder bekommen hatten, in der Geschwindigkeit hatten sie solche an ihre Schultern geheftet. An einem von Blumen gewundenen Kranze, der über die Schultern hieng, hieng der Kringel der Knaben; jede Hand führte einen ländlich bunt gemachten Stab. So gieng der Zug in Begleitung aller Zuschauer nach der Baumschule. Vor ihr stellten sich nun die Kinder in einen Kreis und sangen mit dem Schulmeister und Einstimmung der Musik, das Liedchen:

 Segne, Vater! meinen Fleis,
 Und beglücke mein Bestreben,
 Mir zum Heil und dir zum Preis,
 Weise und gerecht zu leben.

 Flöß in meine zarte Brust,
 Wahrheit, Sittsamkeit und Tugend.
 Ich sey meiner Lehrer Lust,
 Und die Krone froher Jugend!

 Ich sey jungen Bäumchen gleich,
 Anmuthsvoll sey meine Blüte;
 Einst sey ich an Früchten reich,
 Reich an Segen, reich an Güte.

Unter

Unter dem Gesange besahen die Zuschauer die Baumschule. Jedes Kindes Bäumchen waren zusammen gepflanzt, und an Stöckchen mit kleinen Bretgen stand des Kindes Name, auch wol ein Sittensprüchlein. Da des braven Kastenmeisters, Hans Heinrich Schindehütte, Sohn, einer der besten Knaben von der Kindergesellschaft, kurz vorher im herrschaftlichen Dienste unter einen Wagen gekommen, und nach vielem Leiden, auch schweren Kosten des Vaters, gestorben war: so umband man das größte von seinen Bäumchen mit einem schwarzen Bande. Kein Zeichen von Empfindung ist für Herzen zu klein, die selbst Gefühl haben; der kalte Verstand übersieht dergleichen oft in seinem Dünkel. Ein anderer machte die Bemerkung, die Bäumchen des guten Knaben trauerten um ihn, denn in der That waren sie welker als andere. Nunmehr gieng der Zug nach den vor dem Kirchhof stehenden Linden. Unter dem Thor desselben stand ein Tisch mit Kuchen und Wein; in den Eingang pflanzten sie ihre Stäbe mit den Aufschriften, wie Fahnen vor einem Lager. Nun wurde der Tanz der Kinder eröffnet; denn nur sie, wie billig war, tanzten allein. Die Freude, die sie seit 8 Tagen her schon über das kommende Fest gehabt hatten, schien sie Tänze besonders mit Wendungen gelehrt zu haben, die man hier nicht erwartet hätte. Kein Zwist, auch der kleinste nicht, störte die Freuden; in der That tanzten wol Prinzen und

Prin-

Prinzeſſinnen ſelten ſo vergnügt, und mit ſo vieler
Theilnehmung anderer daran. Es hiengen Leute
an den Bäumen und Mauern, um es zu ſehen. Ihre Abwechſelung beſtand darin, daß man jedem ein
Glas Bier, und nach der Bewegung beſonders
Wein und Kuchen gab; alsdann ſtanden ſie um die
Tiſche herum, und ohne wildes Zudringen. Ihre
Liebe zu dem jungen Herr Pfarrer folgte auch ſchon
ſeinen Winken! möchte er ſie zu Männern und Müttern erziehen können! Das war auch der Wunſch
der Aeltern. So können Prediger ſeyn, was ſie
ſeyn ſollten, mehr als bloſe Prediger auf der Kanzel, — die väterlich geſinnten Lehrer der Dorfju-
gend, und auſſer der Schule die rathenden und ver-
trauten Freunde der Aeltern und des Schulmeiſters,
der Beiſtand und Troſt der Betrübten, ſeyen ſie, wer
ſie wollen; die anſtändigen Theilnehmer an ihren
Freuden; ihre Herzens- und Sittenlehrer, nicht
durch trockne Moral, ſondern durch Benutzung der
Vorfälle und Begebenheiten in ihren Gemeinen,
vorzüglich durch Beiſpiel; auch ein ſehr ſicheres —
Mittel, dem Fürſten und Vaterland treue und ge-
horſame Unterthanen und Bürger zu verſchaffen und
zu verbürgen. Liebe bezähmt, Strenge verhärtet;
Armuth kennt gleichgültig keinen Verluſt, Wohl-
ſtand bindet den Bauer an ſeine Hütte und ſeinen
Acker. Nach einem neuen Tanz zogen ſie dem
Pfarrhauſe zu, und lieſen in einem Glas Wein,
den Landesfürſten, die Ackerbaugeſellſchaft, den von
ihnen

ihnen auch mit großem Recht geliebten Landrath, und andere ihrer gegenwärtigen Freunde, hoch leben, ohne ihre Vorgesetzten in der Gemeine zu vergessen. Man dankte ihnen, und versicherte sie, bey Fortsetzung ihres Fleises und guten Betragens, sie weiter zu empfelen. Dies waren die Freuden der 50 Kinder, bis den Abend 8 Uhr. Der brave Grebe und Kirchenälteste der Gemeine, Schindehütte, wünschte, als einer der Väter im Dorfe, den Kindern sein Wohlgefallen über ihr gutes und artiges Betragen zu bezeugen; wollte auch, da der Tag heiß war, für ihre Gesundheit sorgen, und ließ sie beim Abgehen noch mit einem Glas Wein erquicken; überhaupt war alles ihr Trinken nur Erquickung. Rührend wars nun, wie die Kinder beim Abgehen ihrem Pfarrer und dem auch immer besorgten Schulmeister die Hand reichten, wie herzlich sie dankten, und wie vergnügt und ruhig sie ihrem Lager zueilten.

Und süßer schlief vielleicht, da, als auf weichen
Kissen *)
Oft Stolz und Habsucht schläft, ihr ruhiges Gewissen;
Gesetzt die schliefen auch; auf sie harrt eine Nacht,
Wo dies zu Angst und Reu, nur oft zu spät, erwacht.

Sich

*) Wie manches in den Hütten, die sie bewohnen, mochte hart seyn!

Sich mühn um andrer Wohl bringt Wonne hier
     und Frieden.
Auch wahrer Nachruhm ist dem Redlichen be-
     schieden,
Deckt seine Asche gleich kein stolzes Monument,
Daß ihn der Enkel noch mit Segenswünschen nennt.
Wer Gutes will und wirkt, so klein er
     immer wäre,
Ist größer als ein Held, hat Recht auf
     Dank und Ehre.

 Mich, der ich mit Entzücken Zuschauer war, störte übrigens nichts in meiner stillen Wonne, als der arme gute Kastenmeister, der vor dieser Freude seinen Sohn, und seit einigen Jahren auf 13 Stück Vieh verloren hatte. Doch hier auf Erden ist und soll kein Vergnügen vollkommen seyn: jedes aber verdient Verehrung des Gebers aller Güter, und Dank dem gebracht, der durch Huld und Güte ein Werkzeug für das Glück anderer in seiner Hand wird. Wie viele könnten das seyn, wenn sie nur wollten!!

 Cassel.   W. J. C. G. Casparson.

---

3) Nachricht aus Leipzig, das Schulfest in Güldengoffe *) betreffend.

Beim vormittäglichen Gottesdienst, der nach der gewöhnlichen Liturgie gehalten wurde, saßen die
           Schul-

*) S. deutsche Zeit. 1791. 42. St. S. 715.

Schulkinder vor der Kanzel, und es wurde über das Thema geprediget: wenn können Aeltern sich die Frage beruhigend beantworten: werden unsere Kinder künftig gute Menschen seyn? Der Vortrag war so populär und herzlich, daß er auch zu Herzen gieng, wie die allgemeine Aufmerksamkeit und die Thränen der Zuhörer bezeugten *). Nachmittags 2 Uhr versammelten sich die Kinder, vom Schullehrer begleitet, auf dem herrschaftl. Hofe, zogen von da mit Musik in den Garten, lagerten sich auf einen Rasenplatz, und sangen das Gellertsche Lied: Wenn ich, o Schöpfer, deine Macht ꝛc. (vor zwey Jahren war ihnen Gellerts Name noch unbekannt. —) Alsdenn stellten sie sich um die Laube, in welcher die edeldenkende Herrschaft des Orts war. Der Gutsherr, Hr. Heinrich Küstner, trat wie ein Vater unter sie, ermahnte sie liebreich zur Erfüllung der Jugendpflichten, und gab jedem die für ihn bestimmten Bücher. Diese waren: Gellerts Lieder, Henkens biblische Geschichte, Rochows Kinderfreund, Junkers kleines Schulbuch und

Ro-

---

*) Sie wurde gehalten vom Hrn. Marx, dessen Schrift: Erinnerungen eines Lehrers an seine Zöglinge, am Tage ihrer Konfirmation, im 35sten St. d. A. Zeitung empfolen worden.

Rosenmüllers Kommunionbuch. Seine würdige Gattin theilte hierauf, als sie sich wieder gelagert hatten, Mützen, Kopfbinden, Schürzen, Bänder ꝛc. unter die Mädgen, und Halskrausen, Schnupftücher, Schnallen, Strümpfe ꝛc. unter die Knaben aus. Ihre beiden jüngsten Söhne ließen die Loofe aus einem Hute ziehen, und was jedem zufiel, reichten ihm die liebenswürdigen Töchter von der mit Kränzen und Blumen gezierten Pyramide, an der diese Geschenke hiengen. Dann wurde Kuchen gespeißt, getanzt bis an den Abend, und mit Musik in den Hof zurückgezogen, wo die Kinder der Herrschaft ein Vivat riefen: alles in der schönsten Ordnung, und ohne wilde Ausbrüche der Frölichkeit. Man sah es auch allen an, und hörte es an ihrem herzlichen Jubel, daß diese unverstellten Kinder von wahrer Dankbarkeit durchdrungen waren, und ich schloß daraus abermals: daß die Menschen gut sind, und gern und leicht besser werden, wenn man sie nur als Menschen achtet, und durch Liebe und Vernunft zu lenken sucht.

4. Schulverbesserungen in dem Hannoverischen.

Unter den Schulverbesserungen in Deutschland sind diejenigen besonders merkwürdig, welche das

Schulfreund, 4s Bdn.   M   ver-

verehrungswürdige königl. Großbrit. und Chur,
fürstl. Braunschweig-Lüneburgische Consistorium zu
Hannover seit einigen Jahren veranstaltet hat.
Vor allen Dingen gehört hieher ein unter dem 28sten
May 1789 erlassenes Ausschreiben zur Verbesserung der Landschuldienste. Es sollen kleine Stücke
Landes zu Aeckern, Wiesen, Gärten für Schulmeister urbar gemacht, und jährlich zu den erforderli-
chen Unkosten eine gewisse Summe Geldes ausgesetzt werden. Ueberdem werden die Gemeinen
selbst ermuntert, für ihre Schullehrer hierinnen sorgen zu helfen. Ein anderes Rescript vom 9ten Jul.
1789 verordnet, daß alte verdiente Schullehrer zu
einträglichen Küster - und Organistenstellen vorgeschlagen und befördert werden sollen, um ihnen ein
ruhiges Alter zu verschaffen. Bey Gelegenheit der
Einführung des neuen Katechismus wurde unter
dem 12ten Nov. 1790 eine gründliche Instruktion
zum Gebrauch desselben an General- und Special-
superintendenten gegeben; außerdem aber eine Instruktion für Schullehrer zur Unterweisung der Jugend ausgetheilt. In einem andern vom 2ten Dec.
1790 wurde den General- und Specialsuperinten-
denten befohlen, daß sie die monatlichen Schulkon-
ferenzen zu Anweisungen über den Gebrauch des
neuen Katechismus benutzen sollen. Am 14ten
Dec. ebendesselben Jahres wurde ein Ausschreiben
erlassen, darinnen die Errichtung der Arbeitsschu-
len neben und mit den Lernschulen verbunden, ge-

bil-

billiget werden. Aus der Manufakturkasse erhalten diese Industrieschulen eine Unterstützung; ein jedes Amt der Provinzen Calenberg, Göttingen und Grubenhagen erhält eine Beihülfe von 50 Rthlr. jährlich, um die Industrieschulen in Gang zu bringen. In dem Schulseminario zu Hannover werden die Landschulmeister in den Sommermonaten unterwiesen; es wurde vom 20sten Jan. 1791 deswegen eine neue Verordnung erlassen: daß in den Monaten vom 1sten März bis 16ten Julius, dann vom 8ten Julius bis 30ten Sept. jedesmal eine Anzahl von 32 Schullehrern nach Hannover kommen sollen, um den nöthigen Unterricht zu empfangen. — Dies ist das zweckmäßigste Mittel, in wenig Jahren das ganze Schulwesen mit der Zeit umzuschaffen und Segen über die Nachkommen zu verbreiten *).

5) Schul-

*) Eine Einrichtung, die, wie mich dünkt, noch einzig ist, aber an mehreren Orten, wo die Sommerschulen ausfallen, nachgeahmt zu werden verdiente! Freilich mag Alten, am alten Schlendrian hangenden Schulmeistern so etwas Neues Anfangs hart eingehen; aber am Ende werden sie doch mit fort und sich schämen müssen — welches, wie man versichern will, schon bey vielen in Hannover die gute Folge gewesen seyn soll.

A. d. H.

5. Schulnachricht aus dem Meklen-
burgischen *).

Sehr traurig ist hier der Zustand der Landschulen. Ich habe Landschullehrer gesehen, die kaum
selbst lesen konnten, und im Stillen, jedes
Wort, ehe sie es aussprachen, erst buchstabiren
mußten. Den Aufsehern über diese Landschulen
kann man in der That dies nicht so ganz zur Last
legen. Es ist gar nicht zu läugnen, daß die Hrn.
Praepositi oder Pröpste mit großem Eifer diese
Schulen zu verbessern suchen; und auch schon manches durch ihren Eifer bewirkt haben. Allein bis
vor nicht langer Zeit hatte man noch kein gutes
Schulmeisterseminarium, oder wenigstens reichen
die Seminaristen zur Besetzung der großen Menge
von Landschulen bey weitem nicht hin. Oft ist nicht
einmal jemand zu finden, der einen solchen Dienst
anzunehmen Lust hätte, weil ein Handwerk oder
anderes Geschäfft nebenher zu treiben, wie billig,
verboten ist, und doch der Schulmeister ohne einen
kleinen Nebenverdienst bey seinem sehr schlechten
Einkommen unmöglich leben kann. Auf diese Weise mußten die Herren Aufseher nur zufrieden seyn,
weil sie doch auch auf die Aufführung des Mannes
sehen mußten, wenn sie nur ein etwas taugliches
Sub-

*) S. Int. Bl. der Allg. Lit. Zeit. 1792. N. 15.
S. 816.

Subjekt erhielten. Man darf aber jetzt gewiß hoffen, daß in einigen Jahren sowol die hiesigen Bürger- als Landschulen eine ganze Reform erleiden werden, weil der jetzige Meklenb. Schwer. Staatsminister von Dewitz, der so väterlich für das Wohl des Landes sorgt, auch den Schulen, die auf das Wohl des Staats so vielen Einfluß haben, gewiß seine Aufmerksamkeit schenken wird.

Was ich hier von der Schulverfassung Meklenburg-Schwerins gesagt habe, soll, wie man sagt, auch ganz auf die Meklenb. Strelitzische passen, ja dort soll die Verfassung noch elender seyn.

* *

6. Nachricht vom Erziehungswesen aus Liefland *).

Die zahlreichste Menschenklasse in Kurland, der Bauer, der Landmann, lettischer Nation, erhält größtentheils keine Erziehung. Seinen Aeltern gebricht's an der nöthigen Muse dazu, da sie immer von einer Arbeit zur andern getrieben werden; auch haben die wenigsten Verstand und Lust dazu, eine müßige Stunde lieber ihren Kindern und ihrer Bildung, als der Ruhe und Belustigung in einer Schen-

ke,

---

*) S. Int. Blt. der allg. Lit. Zeit. 1791. N. 119. S. 971.

te, zu widmen. Land- und Volksschulen sind äußerst selten, und die meisten Gutsherrn sehen ihre Anlegung als ein neues *Onus* an, das sie ihren Gütern nicht auflegen mögen; — ja auch die Pastorate hört man zuweilen mit diesem Schrecknamen belegen, der hier jede gute Einrichtung verscheucht. Den sehr unvollkommenen Religionsunterricht ertheilt kurz vor der Konfirmation eine' eigene Art Leute, die, weil sie ihren Herren zur schweren Landarbeit zu schwach, und zur Erlernung eines Handwerks zu einfältig scheinen, die Erlaubniß haben, einige auswendig gelernte Katechismusfragen und Gebete den Kindern einzubläuen und sie etwas Buchstaben hersagen, nicht lesen, zu lehren. — Hie und da besorgen dies Geschäfft die Aeltern selbst; auch sind die Küster einiger Orten dazu angewiesen, die meistentheils Deutsche und eben so unwissend sind. Was also von Moralität und Religionserkenntniß unter den Letten anzutreffen ist, verdanken sie den Predigern, unter denen viele würdige Männer, ohnerachtet ihrer überhäuften Geschäffte, sehr thätig für die Aufklärung des gemeinen Mannes sind, der noch so weit von richtigen Religionsbegriffen entfernt ist, daß man in mehrern Gegenden noch Spuren heidnischen Aberglaubens findet, an dem sie mit großem Eifer hangen. Volksbücher giebt es einige von Hrn. Propst Stender, die ganz vortrefflich sind; schade, daß sie alle für den lettischen Sklaven viel zu theuer sind. Denn obgleich der würdige Verf. gar kein Honorar genommen hat, so verursacht doch die unglaubliche Theuerung des Drucks, daß alle 6 bis 12 ggr. und drüber kosten. Daß also der hiesige Landmann in allem, was Bildung des Geistes und Herzens heißt, so weit zurück ist, liegt nicht am Mangel der Talente, es giebt unter ihnen manchen denkenden Kopf, manchen edlen Mann; aber das Joch der Sklaverey, der Despotismus der Gutsbesitzer, die ihren Wachsthum an geistiger Ausbildung scheuen, der Mangel gescheuter Erziehung, erhält sie in einer Art von Wildheit. Ja, es ist zu fürchten, daß mit dem täglich zunehmenden Laster der Völlerey und Dieberey, (Folgen des Sklavensinns und des wohlfeilen Branntweins!) und durch den verhältnißmäßig immer auch unter ihnen steigenden Luxus, der moralische Werth dieser Nation immer tiefer sinken wird, wenn nicht ihnen bald eine glückliche Veränderung bevorsteht, die mit den Rechten auch die Würde der Menschheit ihnen wiedergiebt. — Als ein Beweis, wie sehr der Adel in Kurland dies fürchtet, kann dienen, daß die vor einem Jahr angezeigte lettische Volksschrift, noch ehe sie erschien, als gefährlich verschrieen und die ganze Unternehmung dadurch gehindert wurde. Einige Aeußerungen in der Ankündigung; z. B. „wie nöthig es „wäre, daß die Herrschaften die Frohn„dienste in soweit mildern sollten, da„mit

„mit ihren Unterthanen Zeit zu eig-
„ner Ausbildung gelassen würde," waren zu jenem Verdacht hinreichend, den der hier
ungewöhnlich wohlfeile Preis bestätigen oder
beschönigen muß. Rochow's und Beckers
Schriften gehören also nach der Meinung des kur-
ländischen Adels, zu den libris prohibitis!!!

7. Von den deutschen Schulen in Nürnberg. *)

Die Schulmeister haben in Nürnberg eine förm-
liche Zunft, wie die Handwerksleute. Die Zunft-
verfassung scheint um das Jahr 1613 entstanden zu
seyn. Die Anzahl derselben wurde auf 48 gesetzt;
doch stund diese Zunft nicht unter dem Rugsamt,
wie die Handwerker, sondern unter einer eigenen
Deputation, welche zwey Rathsherren und ein Kanz-
list ausmachen. Die Anzahl der Schulhalter vermin-
dert sich mit der Zahl der Einwohner von Nürnberg.
Im Jahr 1720 waren in 20 Schulen (diese Anzahl
dauert jetzt noch fort) 824 Knaben und 897 Mädchen. Außer der Schuldeputation sind noch etliche
Auf-

*) S. gemeinnützige Betrachtungen der neuesten
Schriften, von Seiler. 1791. 46. St. S. 766.

Aufseher aus den Schullehrern selbst angestellt, welche Vorgeher heißen. Dies Amt der Vorgeher führen jetzt 3 der besten Schulmeister nach der Reihe, und jeder führt es 3 Jahre. Die Visitation und Inspektion der Schulen haben nun die Geistlichen, und es ist ihnen diese nöthige Verrichtung 1789 durch einen Rathserlaß nachdrücklich empfohlen worden. Das Zunftmäsige der deutschen Schulmeister bestehet darinnen: daß jeder als Lehrjunge lernen, als Gesell arbeiten, und endlich zum Meister gesprochen werden muß. Das ganze Kollegium der Schulmeister hat einen Zunftzwang gegen die Pfuscher. Die Lehrzeit ist jetzt 4 Jahre. Diese Einrichtung hat eine sehr böse Folge, wenn nämlich einmal in der Methode Fehler alt und grau geworden sind: so werden sie von Geschlecht zu Geschlecht fortgepflanzt. Soll also das Schulwesen in Nürnberg eine gründliche Verbesserung erhalten, so müssen einige Schulen als Normalschulen eingerichtet; es müssen die neuern vernünftigern Lehrarten in denselben eingeführt, und dann die künftigen Schulmeisterlehrlinge in denselben erzogen werden; sonst wird es nach Jahrhunderten beim alten Schlendrian bleiben. Die zunftmäsige Einrichtung des Schulstandes in Nürnberg hat unter andern das Gute, daß die Wittwen der Schullehrer dadurch meistens versorgt werden; denn die hinterlassene Frau eines Schulmeisters kann auf eine ähnliche Weise einen Gesellen halten, wie eine

Handwerkswittwe. Mancher Schullehrergeselle nimmt dann auch wol die Wittwe zur Frau, wenn sie noch jung ist. Dagegen ist die Art, wie die Schullehrergesellen Meister werden, elend. Da sollte doch welcher Meister zu werden Lust hat, in der Theorie des Schulwesens examinirt, und dann durch angestellte praktische Uebungen dessen Fertigkeit im Schulhalten ausgeforscht werden. Aber von dem allen geschieht wenig oder nichts.*)

XIII.

*) Vielleicht daß wir künftig zur besondern Gemüthsergötzlichkeit für die Leser des Schulfreundes, eine umständliche Nachricht von dieser — in ihrer Art einzigen Schulmeisterhandwerkszunft zu Nürnberg, mittheilen. Vielen wird doch gewiß eine so sonderbare Einrichtung etwas Neues seyn.

A. d. H.

XIII.
Schulanekdoten.

1. Vernünftige Bauern, und ein Pastor, der braver Pfarrkinder werth ist.*)

Der Schullehrer zu Mattstädt**) war in seinem Amte grau worden, und konnte demselben nicht länger vorstehen. Der würdige Pastor des Orts, Namens Günther, stellte dieses seiner Gemeinde vor, die auch das Bedürfniß eines neuen Lehrers bald einsahe. Man suchte bey dem Fürstl. Oberkonsistorium in Weimar nach, und dieses schlug ihr auch ein Mitglied des vor ein paar Jahren errichteten Seminariums vor. Aber nun fragte es sich, woher die Besoldung des neuen Lehrers? Doch, der Pastor brachte es ohne große Schwierigkeit dahin, daß dem alten Schullehrer

nicht

---

*) S. deutsche Zeit. 1791. 485 St. S. 826.

**) Dieser Ort liegt ohngefähr drey Stunden von Weimar, er gehört zum herzogl. Weimarischen Amt Rosla. Die Einwohner desselben sind meistentheils wohlhabend, obgleich erst vor einigen Jahren über die Hälfte des Orts wegbrannte, und haben sich auch bey mehrern Gelegenheiten als brave Leute bewiesen.

nicht nur seine ganze Besoldung gelassen wurde, so, daß er sein Alter ohne Nahrungssorge durchleben kann: sondern die Gemeine verstand sich auch zu einem anständigen Gehalte für den neuen Lehrer, der noch aus dem Kirchenärarium vermehrt wurde, so, daß der neue Lehrer nicht auf den Tod des alten zu hoffen braucht. Den 25ten September dieses Jahres wurde er auch nach abgelegter Probe der Gemeinde vorgestellt und eingeführt, wobey der Pastor eine, sonst nicht gewöhnliche, sehr rührende Feierlichkeit veranstaltete, um die Würde des Schulamts zu heben, welchem Dr. Martin Luther in einer seiner Predigten mit Recht folgendes Lob beilegt.

„Einen fleißigen, frommen Schulmeister oder Magister, oder wer es ist, der Knaben treulich zeucht und lehret, dem kann man nimmer genug lohnen, und mit keinem Geld bezahlen, wie auch der Heid Aristoteles sagt. Noch ists bey uns so schändlich veracht, als sey es gar nichts, und wollen dennoch Christen seyn. Und ich, wenn ich vom Predigtamt und andern Sachen ablassen könnte oder müßte, so wollte ich kein Amt lieber, denn Schulmeister oder Knabenlehrer zu seyn. Denn ich weiß, daß dies Werk nächst dem Predigtamt, das allernützlichste, größte und beste ist. Und weiß dazu noch nicht, welches unter beiden das beste ist: denn es ist schwer, alte Hunde bändig, und alte Schälke fromm zu machen, daran doch das Predigtamt arbeitet, und viel um-

umsonst arbeiten muß. Aber die jungen Bäumlein kann man biegen und ziehen, obgleich auch etliche darüber zerbrechen. Lieber, laß es der höchsten Tugend eine seyn auf Erden, fremden Leuten ihre Kinder treulich ziehen, welches gar wenig und schier Niemand thut an seinen eigenen.

2. *)

Bey den letzten Osterprüfungen der deutschen Schulen zu Speier, hat die Obrigkeit abermals unter die Mädchen, die sich bey dem Unterrichte, den Herr Prediger Mayer wöchentlich zweimal über das Seilersche Lesebuch ertheilt, besonders hervorgethan haben, nützliche Bücher zur Aufmunterung austheilen lassen. Auch ist Herrn Mayer das gewöhnliche Geschenk für seine Bemühung bey der Inspektion über das deutsche Schulwesen, für das verflossene Jahr, abermals gereicht worden.

3.

Der verehrungswürdige Patriot, Graf von Herzberg, hat vor einiger Zeit dem Schulmeisterseminarium in Berlin, zur Ausbesserung seines baufälligen Gebäudes, 1000 rthl. geschenkt,

und

*) S. Intell. Blatt der allg. Lit. Zeit. 1792. Nr. 82. S. 660.

und als er dem Examen der Seminaristen beigewohnt, jedem einen Friedrichsd'or zum Geschenk gegeben; ausser der Summe von 30 thlr. die er jährlich zum Besten dieses Instituts zu verwenden pflegt, — eine That, die keines Lobes bedarf.

4. Zur Warnung und Nachahmung, die Kenntniß der Giftpflanzen betreffend.*)

Zu Denzlingen, im Markgräfl. Badenschen Oberamt Hochberg, hatte sich vor kurzem des Johannes Lerchen Ehefrau durch Genuß der bekannten Tollbeeren oder Wolfsbeeren (Belladonna) den Tod zugezogen, und ihr erwachsener Sohn, der gleichfalls davon gegessen, war kaum noch gerettet worden. Deshalb traf das Oberamt die Veranstaltung, daß diese schädliche Art Beeren nicht nur der Schuljugend, sondern auch den erwachsenen Personen des Oberamts in Natura vorgezeigt und bekannt gemacht wurden, und ließ den Vorfall auch zur Warnung des übrigen Publikums, durch öffentliche Blätter bekannt machen. — Sollte man nicht jährlich in allen Schulen die sämmtlichen inländischen Giftpflanzen der Jugend einmal vorzeigen und kennen lehren?

*) S. deutsche Zeitung 1791. 358 St. S. 60;.

Inhalt.

		Seite
I.	Rede bey Einführung eines Schullehrers, gehalten zu Danstedt, von H. P. Druman	3
II.	Wie könnte man Kindern das Lernen und Schulgehen zur Freude machen? Fortsetzung. von Zerrenner	28
III.	Methode im Schreibunterricht. von G. C. F. G.	40
IV.	Etwas über Rechnen, und eine Methode zur Erleichterung des Lernens des Einmal Eins. von Möller d. j. in Erfurt	50
V.	Etwas über ein sinnliches Erziehungsmittel in einer Landschule. von J. H. Meyer	56
VI.	Bitte eines Schullehrers um ein gutes Gebetbuch für niedere Schulen	74
VII.	Einige Bemerkungen über Herrn Meyers Abhandlung von dem Gebrauche der Bibel, als Lesebuch in (Volks-)Schulen, im 2ten Bändchen des Schulfreundes	90
VIII.	Nachricht von den unternommenen Schulverbesserungen zu Rastenburg, einem Landstädtchen des Herzogthums Weimar, in die Diöces Buttstädt gehörig, vom Herrn Sup. Schröter	97
IX.	Einrichtung der Dorfschulen im Kirchspiel Immichenhain, vom Hrn. Pred. Rehm	125

X.

	Seite
X. Nachricht von einer Landschule in Schwaben. vom Hrn. Pastor Moll	140
XI. Reichsstift-Neresheimische Schulordnung vom Jahr 1790.	145
XII. Schulneuigkeiten.	
1. Herzogl. Würtemberg. neustes Synodal-Rescript, im Auszug, Stuttgard den 6ten Dec. 1791.	156
2. Kinderfest zu Ehrsten im Hessencasselschen Amt Wolfhagen, gefeiert den 24. Jul. 1791. von W. J. G. C. Casparson	165
3. Nachricht aus Leipzig, das Schulfest in Güldengosse betreffend	175
4. Schulverbesserungen in dem Hannöverischen	177
5. Schulnachricht aus dem Meklenburgischen	180
6. Nachricht vom Erziehungswesen aus Liefland	181
7. Von den deutschen Schulen in Nürnberg	184
XIII. Schulanekdoten.	
1. Vernünftige Bauern, und ein Pastor, der braver Pfarrkinder werth ist	187
2.	189
3.	189
4. Zur Warnung und Nachahmung, die Kenntniß der Giftpflanzen betreffend	190

www.ingramcontent.com/pod-product-compliance
Lightning Source LLC
Chambersburg PA
CBHW020239170426
43202CB00008B/141